口述 杨浦城市更新

中共上海市杨浦区委党史研究室
上海市杨浦区地方志办公室 编

上海人民出版社

编委会

人居环境品质提升

公共空间设施优化

◉ 历史风貌魅力重塑

前　言

　　城市是现代化的重要载体，是人民群众高品质生活的重要空间。党的十八大以来，在以习近平同志为核心的党中央坚强领导下，在各地方各部门的共同努力下，我国城市建设取得重大成就。城市基础设施极大改善、城镇人居环境显著提升、智慧城市建设深入推进、城市历史文化保护传承持续加强。习近平总书记在党的二十大报告中更是明确提出：实施城市更新行动，加强城市基础设施建设，打造宜居、韧性、智慧城市。

　　杨浦区是上海近代工业的摇篮，劳动人民、产业工人比较集中。由于历史原因区域内危棚简屋比较多，老百姓对旧房改造的心情急切。随着1992年上海市第六次党代会上提出要进行"365"旧区改造，杨浦也正式开启城市更新的序幕。此后的10年间，杨浦拆除88.1万平方米，竣工951.6万平方米，共涉及居民7万多户……

　　2014年，上海市出台《关于本市盘活存量工业用地的实施办法（试行）》，挖掘存量建设用地资源。2015年，为适应城市资源环境紧约束下内涵增长、创新发展的要求，进一步节约集约利用存量土地，实现提升城市功能、激发都市活力、改善人居环境、增强城市魅力，又出台了《上海市城市更新实施办法》。在此期间，上海国际时尚中心的更新建设、五角场商圈的改造提升、长阳创谷新旧动能的转换等城市更新经典案例涌现，杨浦在全市城市更新整体转型全面铺开的浪潮中大步前行、争先实践。

2019年11月，习近平总书记在杨浦滨江首次提出人民城市理念，赋予杨浦人民城市建设的新使命，而推进城市更新、提升人民群众的获得感、幸福感、安全感，当属人民城市建设的核心要义。无论是滨江南段的整体更新、杨树浦电厂遗迹公园的华丽转身，抑或是祥泰木行旧址建设杨浦滨江人民城市建设规划展示馆乃至其后的升级、获住房和城乡建设部推广的杨浦滨江公共空间无障碍环境建设等，杨浦的城市更新始终牢记习近平总书记的嘱托，把体现"人民性"放在第一位。

2021年，为建设具有世界影响力的社会主义现代化国际大都市，上海市第十五届人民代表大会常务委员会第三十四次会议通过《上海市城市更新条例》，从地方性法规层面进行了制度创新。杨浦的城市更新以此为契机，全链条落地、全过程发力、全方位推进，强势进入发展快车道，完成互联宝地存量工业用地的转型、228街坊工人新村的焕新、杨树浦路（大连路—黎平路）的综合改造、世界技能博物馆的建成开放等一大批更新项目，2021年杨浦完成成片二级旧里改造，2022年完成零星旧改收官，在全市城市更新工作中贡献了杨浦智慧、杨浦样板。2024年6月，定海136街坊（西白林寺）部分地块旧城区改建项目高比例生效，标志着杨浦全面完成"拎马桶"改造历史性任务。

时光荏苒，城市更新的概念、本源不断演变，从单一目标逐步走向内涵更全面深入、更关注可持续发展的综合模式。而杨浦人民城市的更新路径，也从以解决人民居住矛盾的住房改造为主，到以历史建筑的活化利用、成片旧里的更新改造、存量工业用地的转型发展等为体系的蝶变推进。2024 年，杨浦区组织召开城市更新推进大会，部署推进全力打好旧改收尾"攻坚战"、小梁薄板"收官战"、美丽家园"提质战"，完成 5 个征收基地收尾，凤城三村 130 号甲乙丙丁项目仅用 3 天完成征询、签约和搬迁"三个 100%"，提前三年完成小梁薄板改造任务。美丽家园完成 100 万平方米，落实"一张床、一间房、一套房"多层次供应体系等，更新建设中不仅仅注重改善调整"有没有"，更注重老百姓感受"好不好"，人民的城市更新自当为民而动。

过往皆为序章，伟大目标呼唤新的昂扬奋斗，光荣使命召唤新的开拓前行。人民城市人民建、人民城市为人民，中国式现代化伟业正兴，杨浦将以更博大的胸怀、更磅礴的奋斗做好人民城市新实践、创新发展再出发、振作杨浦"一股劲"三篇大文章，加快推进新一轮人民城市建设，以更高水平推动城市更新，以更高品质做优公共服务，埋头苦干、勇毅前行，为上海加快建成具有世界影响力的社会主义现代化国际大都市作出新的更大的贡献。

综合区域
整体焕新

以城市更新共筑
杨浦人民之城

徐建华

　　1972 年 4 月出生。曾任上海新杨浦置业有限公司党委副书记，总经理，党委书记、董事长，上海杨浦滨江投资开发有限公司党委书记、董事长等职。2017 年 1 月，任上海市杨浦区副区长。现任中共杨浦区委常委、副区长，负责城市建设和管理，旧区改造，重大工程建设等工作。

口述：徐建华

采访：黄伟一　刘菲菲　季旭浩

整理：刘菲菲　季旭浩

时间：2025 年 2 月

2021 年《上海市城市更新条例》（以下简称《条例》）颁布实施，为系统推进城市更新提供了更权威的法律保障，标志着上海城市更新迈入法治化、系统化、可持续化的新阶段。杨浦聚焦人民城市建设这个主题，突出进一步全面深化改革这条主线，在打造人民城市最佳实践地中干在实处、走在前列，进入高速发展阶段，新机制、新路径、新模式、新动能、新场景、新生态等案例不断涌现，人民城市新实践的杨浦城市更新"实景画"徐徐展开……

谋定而动，明确城市更新新任务

城市更新是党中央、国务院以及上海市委、市政府高度重视的一项工作，在党的二十大报告中，将城市更新与人民城市理念并提，明确"加快转变超大特大城市发展方式，实施城市更新行动，加强城市基础设施建设，打造宜居、韧性、智慧城市"。

这一点不难理解。城市的生命在于其不断更新并持续迸发的活力，更新就是城市永恒的状态和不变的主题。当前我国已步入存量时代，老旧的城市配套跟不上日益发展的人民生活需求，这倒逼各地由点及面开展城市更新工作。当前的杨浦正着力打造人民城市最佳实践地，加强规划统筹、强化各类更新政策的紧密融合、把"人民城市人民建、人民城市为人民"贯穿始终的城市更新任务就更显重要。

作为城市更新工作的主导力量，我们首先要搞清楚到底什么是城市更新，这个概念的内涵外延是怎么样的。众所周知，杨浦是上海近代工业的摇篮，劳动人民、产业工人比较集中。"三代人蜗居在十几平方米的空间内，煤卫合用，一住就是四十年"这样的情况曾经不是个例。如果简单地以住房改善作为一个方面来诠释城市更新工作的话，那么可以说从开展"365"危棚简屋改造开始杨浦就已经在进行更新实践了。

2021年《条例》出台后，市级部门编制了《上海城市更新指引》，作为上承条例、下接各个部门相关工作的一个行动性文件，并出台了《上海市城市更新规划土地实施细则》《上海市城市更新操作规程》《上海市旧住房成套改造和拆除重建实施管理办法（试行）》等一系列细化操作流程与政策要求的配套文件。城市更新的概念逐渐明晰，就是指在本市建成区内开展的提升城市功能、优化空间结构、改善人居环境、塑造特色风貌等持续改善城市空间形态和功能的活动。而《条例》创设了区域更新和零星更新两种路径，在权属情况、空间范围、更新目标、实施机制等方面均具有一定的差别。至此城市更新以全新的体系、要求、框架呈现出来。

所以城市更新不是某个领域、某个环节的一次试水破冰，而是要系统集成、久久为功的时代命题。就像上海市委副书记、市长龚正在上海市城市更新领导小组（扩大）会议上指出的：推动上海城市更新工作迈上新台阶，要统筹好政府与市场的关系、保护与发展的关系、区域更新与零星更新的关系、共性和个性的关系。这正是杨浦城市更新工作所面临的崭新任务。

突出重点，勇担焕新行动新挑战

城市更新是系统工程，也是在资金方面投入巨大的任务。那么，如何既最大限度优质完成更新改造建设，又尽可能节约开支、控制成本就成为摆在区委、区政府面前的一大课题。我们多次通过专题会议的形式学习市委、市政府的文件精神，对照《上海市城市更新条例》《上海市城市更新行动方案》要求，认为杨浦作为人民城市理念的首提地，城市更新工作务必要将围绕民生、服务民生的初心贯彻到底，六大重点行动全速铺开。

首先在综合区域整体焕新行动中，我们着力打造杨浦滨江世界级滨水区。围绕沿江跨江战略、产业用地综合绩效评估和分类处置、商务楼宇高质量发展等重点工作，根据全区更新重点任务，划定黄浦江滨江中北段更新单元（杨浦部分）。结合杨浦滨江"创新生态试验场、未来产业领航地、复合功能先导区"的规划定位，塑造"复兴中华"整体意向。聚焦复兴岛、大电气片区等关键要素和节点，高标准推进滨江中北段总体城市设计。此外，加快推动滨江南段零星地块、滨江中北段和复兴岛土地收储，为滨江整体焕新升级奠定基础。

复兴岛鸟瞰

在人居环境品质提升行动中，我们加速以老旧小区改造提升人居环境品质。杨浦的旧住房成套改造攻坚不断实现突破，成功探索以"多类别联动、多元化安置、多要素统筹"为核心的改造新模式。在东郸小区项目上，探索社区校区资源联动、生活圈商业圈聚合，率先走出了一条在全市政策更迭期从传统贴扩建到彻底拆除重建的独特路径。在凤南一村项目上，以"大衣料子"统筹带动甲乙丙丁、黄兴路等项目高质量落地，实践跨周期、跨项目、跨区域平衡，创下《上海市城市更新条例》生效后全市最大规模、最快速度实现征询、签约、搬迁"三个100%"的新纪录。在内江大板房项目上，创新性形成"原址回搬＋异地置换＋货币安置"相结合的多元安置方案，最大程度兼顾居民不同需求，这为其

2023 年 9 月 25 日凤南一村拆除重建项目签约率达 100%

他高密度房屋成套改造提供可推广的杨浦经验。杨浦的旧区改造工作不断提速攻坚，2021 年全面完成了杨浦区内成片二级以下旧里房屋的改造，2022 年完成了剩余零星二级旧里房屋的改造，在全市中心城区率先完成了二级旧里改造任务。

在公共空间设施优化行动中，主要是推进公共空间和设施升级。比如深化滨水公共空间环境提升、建设公园城市、推进"美丽街区"建设、加大基础设施补短板、打造 15 分钟社区生活圈等。杨浦被市残联和市住建委联合授予"一江一河"滨水公共空间无障碍环境建设创新区称号。杨浦也编制了《杨浦区系统化全域推进海绵城市建设的实施方案》，城投宽庭光华保租房社区项目入围市级海绵精品工程。杨浦滨江南段作为海绵城市建设重点区域，近年来持续打造了一批极具示范意义的项目：电站辅机厂东厂雨水花园、杉林雨水花园、大桥公园一期等，成为杨浦区海绵城市建设的典范工程，为其他区域建设提供了宝贵经验与示范样本。其中，杨浦滨江雨水花园项目、杨浦滨江电站辅机厂东厂雨水回收利用项目分别荣获"上海市非常规水源利用（雨水综合利用）案例"优胜奖和三等奖。新江湾城国际社区水上运动中心建设，也逐步被打造成为上海市生态文旅休闲新地标、上海主城社区公共空间更新样板地。

在历史风貌魅力重塑行动中，杨浦以"重现风貌、重塑功能、重赋价值"为原则，不断挖掘历史风貌的特质和内涵价值，使历史建筑的保护更新和活化利用与地区发展交相辉映。为了留存杨浦滨江百年工业的历史印记，杨浦通过滨江保护规划的编制，已基本实现沿江以工业遗产大开大合为主，杨树浦路以北腹地呈现集中里弄肌理的风貌格局。永安栈房、毛麻仓库、绿之丘等点状工业遗存更新成为承载滨江丰富活动的载体，十七棉、杨树浦发电厂则成为成片风貌保护的典范。2024 年 1 月，上海杨浦生活秀带荣获国家首批"国家文物保护利用示范区"称号。杨浦将进一步做好第四次全国文物普查工作，构建精准保护标准化体系、

2022 年 11 月 25 日，长江口二号古船进入杨浦滨江上海船厂旧址 1 号船坞内

文物高水平活化利用体系以及"生活秀带"活力开放体系。推进上海锅炉厂旧址、大中华造船机器厂旧址、上海水产公司渔船修理所旧址、三新纱厂仓库旧址等项目，将历史风貌的保护利用与城市有机更新、产业创新升级、文旅融合发展，协同互进，促进文物建筑的活化利用等。应该说，杨浦通过城市更新一步步"唤醒"了这些沉睡的老建筑，在老百姓的家门口"变出"了文化新地标。

在产业园区提质增效行动中，杨浦探索低效用地升级更新。我们推进张江高新区杨浦园建设，落实"一园一方案"，不断提升园区管理水平，而且在全市首批发布《张江高新区杨浦园改革创新发展行动方案（2024—2026）》。作为高校资源禀赋大区，推进大学科技园高质量发展也是杨浦的工作重点。对标典型区域优秀经验、启动修订大学科技园考核指标体系，积极探索大学科技园改革举措，争取大学科技园改革试点。我们推进重点产业链发展，与同济大学联合主办"2024世界人工智能大会智能社会论坛"。此外，还以互联宝地为样板，持续推动更新项目实施。主要是立足优化城市空间布局，加快推进低效用地的转型。

在商业商务活力再造行动中，杨浦加速多元新业态环境的焕新。比如前面提到的"15分钟社区生活圈"，目前杨浦正创建成为第四批国家级城市一刻钟便民生活圈示范区。还有就是传统商圈的改造升级，除了悠迈生活广场、大润发长阳店等升级改造外，还包括商圈品牌的焕新。杨浦一直很关注商圈品牌升级焕新以及首店首展的落地。2024年我们引入首店57家，品类包括特色餐饮、运动品牌、潮流服饰、娱乐沉浸等多种业态。活动策展顺利开展，如合生汇chiikawa春季限定北上海首展等，

互联宝地改造前，原上海第二钢铁厂全景

改造后的互联宝地全景

强化 IP 引流、提升人气集聚。还有就是标准化菜市场的升级改造，如四平同济市集、沙岗路菜市场改造等。商务楼宇改造升级也有系统提升，五角场商务单元被纳入上海首批商务更新单元，无论是上海三明大厦等项目的持续推进，还是丘成桐上海数学与交叉学科研究院的揭牌，都是通过对商务楼宇的全面改造升级，借助城市更新的发展契机引入新型研发机构，带动周边区域发展，激发创新活力。

人民之城，解题更新发展新路径

回想这几年的实践探索，我觉得区委、区政府敢试敢创新，全体党员干部鼓足了"一股劲"、发扬了实干精神，这是杨浦人的精神特质和宝贵财富。我们一路攻坚克难，兑现了善作善成的誓言，完成了一件又一件城市更新民生大事，主要体会是锚定了"三个聚焦"：

一是聚焦"顶层设计"。城市更新这样宏大的任务体量和规格，没有通篇的思考和全面的勾勒是肯定不行的，而系统性的谋划又离不开部门间的无缝衔接。鉴于此我们探索建立"市—区—街镇—居村"城市更新工作体系，落实"1+6+12"城市更新协调推进机制，即 1 个区级统筹协调平台（区更新办）、6 个专项行动推进平台（各专项行动牵头单位）、12 个街道城市更新协调推进平台。工作机制上则注重夯实政府统筹、条块协作、部门共管，住宅更新工作中建立"区征收和成套改造指挥部—区征收成套办—项目工作组"的"一部一办一组"三级工作机制。我们聚焦顶层设计，强化"硬支撑"，在政策制定上，创新探索完善"政策工具包",结合项目具体工作推进,完善各环节实施流程,厘清各方职责,夯实工作责任。由区政府主要领导靠前指挥,同向破题推进。同时推动街道居村层面建立相应的城市更新常态化议事制度,并在更新规划、建设、运维、共享共治等全过程中,坚持党建引领、多元参与,践行"人民城市人民建"的要求。这样的设计,自上而下、联动牵引,为城市更新工作在全局性层面提供了机制优势和"成事"的路径。

二是聚焦"人民之城"。杨浦区位于上海中心城区东北部,曾拥有市中心城区最大的工业基地、工人新村。20 世纪 50 年代,工人新村构建起上海的第一代社区概念,从城市规划到社会治理,就能窥见"以人为本"的雏形,这是人民之城的基因。而后杨浦随之诞生了"周四干部劳动日"这一基层工作方法。这么多年来,我们的机关干部在开启深入一线解决百姓"急难愁盼"的社会治理路径后,一直在实践。至 2005 年正式打出"一线工作法"品牌,这块群众工作的金字招牌不但历久弥新还不断随着工作内涵、任务要求的变化而丰富完善。2024 年初,我们在全力打赢小梁薄板"收官战"、旧改收尾"攻坚战"、美丽家园"提质战"这"三大战役"中,用的就是这个跑一线的法宝。其实,杨浦的"老"与"新",在地理上并不分隔,而是交织在一起的。老旧社区与现代化的高楼大厦比邻而居,所以杨浦的城市更新并非推倒式大拆大建,而是巧用绣花针功夫在"螺蛳壳里做道场",通过"插件"式更新,在老百姓的家门口变出新生活。我们兼顾温度与发展,是因为我们的出发点、落脚点始终围绕"人民"二字,杨浦正在以"城市有机更新"为支点,全力打造以人为本的人民之城,尊重人民的感受和体验,向人民交出一份城市更新的满意答卷。

三是聚焦"创新实践"。上海的城市更新以《条例》为基础，提出要全面提升城市能级和整体空间品质、实现更新内容和对象全覆盖、构建共建共治共享的治理格局，探索有效破解城市更新瓶颈问题的政策路径。《条例》本身就是一种创新。杨浦一直以来就是创新的热土、创城之所在，我们始终不断创新实践、寻找解题思路。比如：杨浦滨江创新"工业锈带—生活秀带—发展绣带"三阶段递进开发模式，保留工业遗存，植入智能设计、在线经济等新业态，单位面积产值较改造前大有提升。这是引入全生命周期管理模式的一种创新。再比如更新优化旧住房成套改造全生命周期管理系统，与市系统完成数据对接，实现与税收征管系统与房产交易系统间信息共享，打通协议置换政策技术壁垒等。这是数治管理上的一种创新。还有上钢二厂转型互联宝地项目就是"盘活存量、释放增量、提升质量"，以工业用地转型新能级的典型案例……像这样的创新点还很多，一路探索，一路生花，杨浦的城市更新硕果累累。228 街坊"二万户"焕新记、从"城市边角料"到"家门口的好去处"、"无名道路"路难行"三色预警"来疏通 3 个案例入选第六届中国（上海）社会治理创新实践案例；228 街坊城市更新案例还入选了联合国人居署《上海手册：21 世纪城市可持续发展指南》（全国入选 6 个，上海入选2 个）；长阳创谷获评上海市现代环境治理体系典型案例；上海市杨浦滨江公共空间无障碍环境建设项目入围住房城乡建设部《城市更新典型案例（第一批）》；杨浦区在 2023、2024 年度上海"15 分钟社区生活圈"优秀案例评选中蝉联"优秀组织者"殊荣，共斩获 36 个奖项，位居全市前列。

城市更新既是空间形态的再造，更是治理能力的升级。杨浦正以系统思维破解"大城市病""老城区痛"，在保护与发展的辩证统一中，书写"人民城市"的生动实践，奋力打造杨浦城市更新的新标杆。

产业园区
提质增效

从十七棉到国际时尚中心
之蝶变效应

张 欣

1989 年 2 月出生。曾任绍兴水街文化创意有限公司董事、常务副总经理，上海禹泰企业管理有限公司行政总监等职。现为上海国际时尚中心园区管理有限公司总经理，全面负责整个园区的运营管理工作。

口述：张　欣

采访：吴　青　胡玉叶

整理：胡玉叶

时间：2024 年 10 月 30 日

20 世纪 80 年代中期到 90 年代初期，国营上海第十七棉纺织厂（以下简称十七棉）拥有万余名职工，被称为"万人厂"。20 世纪 90 年代中期，因上海纺织行业大调整，大批工人转岗、下岗直至工厂完全停产。

上海国际时尚中心南区俯瞰

是"坐吃等死",还是敢于大胆改革、转型升级,十七棉选择了后者!
2009 年上海国际时尚中心项目立项,2010 年一期工程完工对外开放,
2012 年 3 月国际时尚中心一、二期整体开放。此后,又进行了三期、四
期建设,至 2018 年国际时尚中心全部建成开放。十七棉在阵痛后成功地
完成了转型升级。

十七棉的前世今生

我是 2011 年 6 月来到上海国际时尚中心园区管理有限公司工作,先
任市场部职员。后根据工作需要,调任绍兴水街文化创意有限公司董事、
常务副总经理,上海禹泰企业管理有限公司行政总监。于 2023 年 8 月回
上海国际时尚中心担任副总经理(主持工作),2024 年 8 月升任总经理。
了解一家企业最好的方式就是了解它的过往历史,我也是从阅读十七棉
的历史开始着手。

十七棉前身是日商开设的裕丰纱厂,抗日战争胜利后被收归国有,更
名为中国纺织建设公司第十七棉纺织厂。1950 年 7 月,再次更名为国营
上海第十七棉纺织厂,由上海纺织工业局进行管理。十七棉作为当时上海
三十六家纺织工厂之一,规模庞大,被称为"万人大厂"。值得一提的是,
十七棉中也出了不少知名人物,例如家喻户晓的劳模黄宝妹。谢晋导演曾
以她的真实事迹拍摄过一部电影《黄宝妹》,这部电影也成为全国观众了
解十七棉的一个重要窗口。2021 年黄宝妹被授予"七一勋章",如今她仍
活跃在东方国际集团,积极参与宣讲劳模精神和党的优良传统的活动。

到了 20 世纪 90 年代,改革开放进入高速发展的阶段,纺织业这样

的劳动密集型产业已无法满足上海这座城市的发展和需要。因此，纺织业调整和转移逐渐成为上海纺织工厂面临的主要问题。

因为十七棉的工人群体太过庞大，所以它是最后一个退出中心城区的棉纺织制造企业。十七棉的调整转型工作在20世纪90年代中期就已摆上议事日程，但最终却选择将2007年作为开始转型调整的节点，因为这一年正是十七棉大批员工退休的时间，在这个时间点关停对工人们的影响最小，还有一部分未到退休年龄的员工则通过公司买断工龄或者重新安排工作岗位的方式来进行分流，许多人成功转行，有的还成为空嫂。

2009年，当时的上海纺织集团（今东方国际集团）正式对十七棉的转型项目进行了立项，之所以将十七棉原厂定位为时尚产业，主要是考虑到上海这座城市需要建设一个紧跟国际时尚潮流，并且起到引领潮流作用的时尚中心。既然是要做符合上海未来发展的时尚产业，所确立的目标就必须更加长远。十七棉不能只做上海的时尚中心，也不能只满足于做中国的时尚中心，十七棉的改革之路必须要紧跟国际时尚的潮流。要完成建设上海国际时尚中心这样一个艰巨的项目，除了东方国际集团之外，杨浦区政府在支持老工业厂房转型为创意产业园区方面也给予了政策上的支持和帮助，还获得了现代服务业引导基金（包括国家发展改革委、市发展改革委和区发展改革委三级的配套基金）支持，最终在多方合力下才将上海国际时尚中心打造成一个真正的时尚中心、文化中心。

历史与现代的结合

我很钦佩前任领导们的长远意识和大局观念，正是他们认识到十七棉的工业建筑不是包袱，而是宝贵遗产，因此在修缮改造方案初期就确立了以保留为主的原则。现在看来，上海国际时尚中心成片的锯齿形厂房建筑风格非常突出，具有独特的建筑美感与历史价值，且在上海中心城区这种类似的锯齿形红砖墙厂房已经十分稀少。这样的改造思路也恰好符合近年来上海城市规划和改造的基本要求：五十年以上的历史建筑以"留、改、拆"为原则进行保留和改建。而上海国际时尚中心项目在这项新政出台前就已经领先一步，十分具有战略眼光，将有历史特色、有文化价值的建筑全部保留下来，只拆除近3万平方米不具备历史文化价值的"违章建筑"。而后，对保留下来的优秀历史建筑进行了妥善的修缮，例如重新煅烧了符合那个时代的黑铸铁落水管；通过拆除、编号、清洗，在原址上复原因时间久远而表面发黑的红砖，保留了红砖墙的风貌特色。同时根据功能的需要，对十七棉建筑结构略微做了

修缮后的锯齿形红砖墙厂房

一些调整，例如拆除了原先工厂封闭式的围墙，将之改建为开放式的园区。

当时，集团通过招标从 9 家投标公司中选择了法国夏邦杰设计事务所的改建方案。为了还原十七棉的历史风貌，夏邦杰事务所的设计师前往上海市档案馆，调阅了大量十七棉的原始设计图纸。当然作为体现历史与现代并存的上海新地标，夏邦杰的设计师也加入了如中央大道这样满足园区功能需求的修筑项目以及江边的亲水平台以满足景观美化的需要，还有诸如玻璃房等现代建筑不仅填补了拆除建筑的空白，起到了新老对比的功能，更加体现上海国际时尚中心传统与现代遥相呼应的建设宗旨。不论是保留的工业建筑还是新建的现代建筑，可以说上海国际时尚中心每幢楼都有自己的特色，比如"耐克馆"就采用了世博会西班牙馆所使用的类似藤条包覆的建筑方式；江边的"巧克力工厂"则是对 20世纪 60 年代的楼房进行现代化改造，使得房屋整体表现得简约时尚。得益于别出心裁的设计理念，夏邦杰事务所凭借上海国际时尚中心项目获

修缮前的厂部大楼　　　　　　　　　　修缮后的厂部大楼

得了欧洲设计界的大奖——海外优秀工程奖，打响了上海国际时尚中心在海外的知名度。

2010年上海国际时尚中心一期建成开放，开放内容包括壹号楼和多功能秀场，这也是为了配合上海世博会进行对外展示。2012年二期完成了从精品仓延伸至江边亲水平台区域的建设，当年3月对一期、二期的成果进行整体开放和试营业。在开业之后又立即开始了第三期杨树浦路以北区域的建设，其中拥有800—1000个车位的停车场的修缮完成，解决了一直存在的停车难问题。在完成了停车场的建设后，相应的餐饮服务的招商也顺利完成。第四期则是2018年开放的酒店式公寓。

生机勃勃的上海国际时尚中心

改造完成的上海国际时尚中心总占地面积约181亩，总建筑面积约13万平方米，以杨树浦路为分界线，分为南北两块区域，包含有多功能秀场、壹号楼、创意办公、精品仓、设计师公寓、餐饮娱乐和游船码头七大功能区域，属于典型的工业遗产及文化、旅游、商业的综合体。

自开业以来，平均每年举行80余场活动，包括时尚论坛、品牌发布、大型会务派对等。历年来举办的"小荧星舞蹈大赛""GEW全球创业周"等活动都取得了良好的经济和社会效益。园区内还集合了近200家国内外知名品牌。通过场景营销，上海国际时尚中心整合建筑底蕴、历史文化、场景故事、互动体验等元素，每年结合节庆假日、联动流行IP打造14场以上具有丰富体验性的主题活动，如夏至音乐节、宠爱嘉年华、睦邻节等自创活动。在东方国际集团6+365平台的资源加成效应下，进博商品畅购季进一步丰富了园区经营品类，同时满足了顾客多元的购物需求，至 2019 年实现营业额以 10% 的平均增幅持续性增长，期末销售近 6 亿元，游客人数近 400 万。2020 年，园区凭借主题 IP 活动加大力度恢复经营活力，逆势实现同比 35% 的销售业绩增长。2021 年以"建厂百年、时尚潮拜"开展营销主题活动贯穿全年，并设计了专属卡通形象"梦飞"，作为时尚中心文创产品向游客发放，覆盖人数近 1400 万。

2023 年，当我再次踏入这片熟悉而又略带陌生的土地——上海国际时尚中心，心中不禁涌起一股难以言表的情感。这里，曾是我青春记忆中不可或缺的一部分，见证了无数时尚与创意的碰撞，也承载了我对美好未来的无限憧憬。

面对领导赋予的"实现上海国际时尚中心未来无限可能"的重任，我深知这既是一份荣誉，也是一份沉甸甸的责任。在深思熟虑之后，我坚信，要延续并超越前辈们的成就，既要坚定不移地继续他们的足迹，同时又要勇于创新和突破，这是通往成功的关键路径。

那么如何创新打造时尚新地标，使园区得到进一步发展壮大呢？我决定从园区自有 IP "宠爱嘉年华"的升级与创新入手。2023 年末，在我的支持下，宠爱嘉年华活动特别策划并邀请了众多知名品牌携手共襄时装盛宴，共同演绎了一场别开生面的上海宠物时装周。2024 年 3 月和 10 月正式开启一年两季宠物时装周，我和团队顺势提出"人宠时尚"的概念，组织开展的宠物模特海选活动吸引了来自全国各地 2000 多只萌宠报名参加，同时还有 30 场宠物相关品牌的新品发布秀轮番上演，将宠物时尚的潮流推向了新的高度，也为观众带来了前所未有的视觉盛宴。

活动期间园区客流同比增长 8.4%，联营收入同比增加 1.5%，活动效果大大超出我的预期。通过和抖音、得物、京东等互联网大厂的官

中央大道旧貌

中央大道新景

方合作，在线上获得了巨大的流量和曝光度，图文及视频直播观看量150W+，抖音话题热度2200W+，小红书话题热度600W+，到场达人粉丝量6000W+，全网媒体触达破2亿，进一步扩大了宠物时装周的线上传播力和影响力，上半年、下半年分别进入抖音热榜前十名，10月份更是在热榜上出现了连续10天时间。毫不夸张地说，上海宠物时装周不仅推动了宠物消费需求，更引领了宠物新型消费的风潮。我将带领团队，持续提升未来一年两季的上海宠物时装周的品牌魅力与溢出效应，深挖宠物消费潜力，进一步巩固上海国际时尚中心作为宠物时尚领域标杆地位的影响力与知名度。如同上海时装周是上海的名片，上海宠物时装周将是上海国际时尚中心的金名片。

作为一名时尚产业的从业者，我一直希望通过激发时尚产业的活力与创新潜能来助力区域消费品质提升与产业结构升级，为城市的更新和发展注入源源不断的时尚动力与文化魅力。

长阳创谷：新旧动能转换
打造城市中的花园

奚荣庆

1973 年 5 月出生。见证、领导了长阳创谷从旧厂房蝶变为创新创业街区、城市更新首创案例之一的建设与开发。现为上海杨浦科技创新（集团）有限公司副总经理，上海长阳创谷企业发展有限公司董事长。

口述：奚荣庆

采访：周　恺

整理：周　恺

时间：2024 年 8 月 30 日

　　长阳创谷，位于上海市杨浦区长阳路 1687 号，规划总建筑面积约 50 万平方米，是上海内环双绿地 Campus 创新创业街区。

　　长阳创谷坐落土地的工业文明史已逾 100 年，前身是日商始建于 1920 年的东华纱厂，新中国成立后改制为中国纺织机械厂，曾为中国近代纺织工业作出不可磨灭的贡献，其生产的纺织机械产品，风头最劲时曾占据国内市场 85% 的份额，也因此在当时成了上海八大上市企业的龙头。2000 年前后，该厂停产关闭，厂址处于闲置，经历了快一个世纪，曾经的纺织大厂走到了历史的拐点。

　　随着产业结构的变迁与改革开放的深化，2015 年受国家双创工作推动，长阳创谷开始更新改造。我就是在项目启动改造的初期，受杨浦科创集团委派，参与到长阳创谷的改造工作中的。我当时主要负责公司团队的组建以及统筹、把控改造更新的整体推进，从每一栋建筑物的改造方案，到每一家企业，每一个商业业态的入驻，我都会关注、研究、参与到各个重要节点中。

　　长阳创谷遵循"绿、光、锈、合"的设计理念，"绿"指绿色环境与科技，"光"是自然之光创新之光，"锈"指创谷对于百年厂房的历史传承，

20世纪80、90年代的中国
纺织机械厂外景

"合"则是科创与生活、科技与艺术、园区与社区、人与人之间的融合。长阳创谷先由城市更新引入了科技创新，随后，又带动了社区的复兴，为这一片老厂房注入了新的动能，创造出新的生机，逐渐成为城市更新的典型标杆案例和全国创新创业的新地标。

长阳创谷的改造更新并不是一蹴而就的，从诞生之初的"长阳商务休闲广场"到如今的"长阳创谷"，迭代的背后也印证了城市更新工作逐步开展推进的历程。我清晰记得二十多年前，曾经更新后的1.0版本名称还是"长阳商务休闲广场"，彼时的业态还很混乱，鱼龙混杂，浴室、网吧、棋牌室、KTV为主的大量违章、群租商户亟待治理。从2015年开始，杨浦区决定打造长阳创谷"ChangYang Campus"，进入了新篇章，重新定位科技创新的发展方向。这不是单纯意义上命名，而是为了准确定位这座创新基地。CAMPUS的含义有校园、社区的意思。从科技创新角度来看，改造更新的目标，是为了让入驻园区的企业家和知识工作者们能感受到开放、自由、创新的氛围以及拥有大学校园般的空间体验。

长阳创谷在改造过程中，完整保留了原有工厂的主体建筑，原有桁车、吊臂重新改造为过街廊道、园区装饰，原厂铁轨、管道、仪表、控制箱等元素则尽量修旧如旧。比如曾经风靡上海足坛的中乙劲旅中纺机足球队的训练场，被完整地保留，改造之后变为占地7000平方米的活力中心草坪，在寸土寸金的市中心办公园区中，能被保留下来作为所有人能共享的景观绿地，实在是弥足珍贵。当时如果把草坪改为几栋商务写字楼或者立体停车场，短期内可能会有更好看的经济效益，但作为改造更新项目的主要负责人，我依然坚持从"城市更新"带动"社区复兴"的角度，向各个利益相关方开展多维度的论证和沟通，将大家的目光逐渐从眼前的经济效益引导到长远的社会效益上，也曾反复地陪同各位决策参与者走进园区，多轮次实地勘察，现场感受。最终，让大家对完整地保留这块草坪景观达成了共识。

长阳创谷也是杨浦区积极探索出的"三区联动""三生共融"模式的典型样例，将校区、园区、社区在这一方热土上自然地结合，吸纳杨浦多家百年高校的产业人才进入园区"生产、生活"，让周边社区居民们也能共享园区的良好"生态"，成为"家门口的好去处"和"城市中的花园"。

如今，长阳创谷总办公人数近2.5万人，集聚了来自普林斯顿大学、哥伦比亚大学、清华大学等全球知名高校的创业人才，入驻了近300家双创领军企业和极富双创特征的中小企业。大量优秀企业和人才集聚于

改造后的长阳创谷一角

长阳创谷,逐渐产生"上下楼就是上下游"的科创与文创产业集群共鸣。曾经的纺织机轰鸣声已转换为键盘声,原本闲置的老厂房蝶变为具备各类创新要素的开放式街区。

2015年,杨浦区积极倡导"三城融合"建设理念,开始推进区域创新创业工作,启动长阳创谷更新改造;次年,长阳创谷项目正式动工,并同步开始招商宣传;2017年9月,全国双创活动周在长阳创谷成功举办,长阳创谷也在"大众创业、万众创新"的引领下"创"出一片新天地;2018年4月,时任国务院总理李克强在上海考察期间来到长阳创谷,对老厂房改造升级、新旧动能转换成果给予充分肯定,赋予长阳创谷打造"世界级创谷"的使命。同年,长阳创谷入选"国务院第五次大督查发现的典型经验做法",入选上海改革开放40周年首创案例。

工业遗址的改造过程充满了挑战,涉及土地、规划、安全等方方面

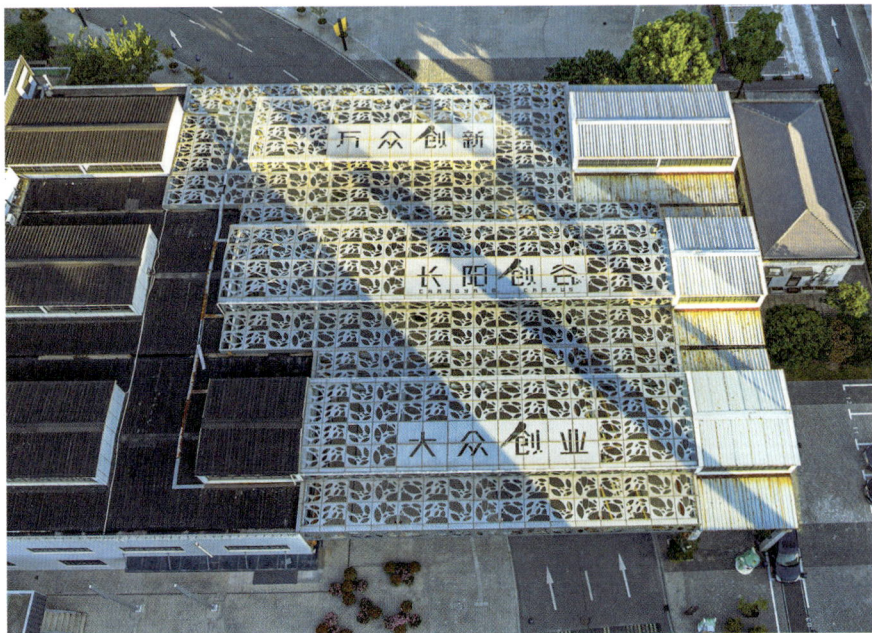

改造后的长阳创谷一隅(孙婉萍 摄)

面。长阳创谷的新旧动能转换能够扎实落地，我觉得背后坚守了几点原则：中心城区的工业厂房厂区改造，尽可能打开空间，让利于市民，城市更新要做友好型的城市更新，让城市更新反哺市民。市中心的老厂房改造，选择科创还是文创之路，不仅要看工业遗址本身的要素、定位与产业转型要求，还要考虑项目改造之后的外部性。虽然文创类项目可以快速改变这一地区的面貌，但是科创才能够真正带动这一地区的就业，还能带来产业结构的调整，真正实现产业转型靠科创。同时，还要看老旧厂房改造后的经营密度，经营密度关系到产业集聚和对当地经济的贡献。此外，对于运营和改造团队来说，自我驱动力以及对打造项目的情怀，是保持一个好项目持续更新的不可或缺的要素。

2019年，我带领团队进军 AI 产业，有计划地建设"AI 新技术实验场""AI 新产品示范区"和"AI 创新企业集聚地"，长阳创谷被评为上海市唯二的人工智能示范园区，正式担负起上海市人工智能应用场景示范区的建设任务。

2020年，为贯彻落实"世界级创谷"的使命要求，我又带着团队着力建设大创谷功能区，以长阳创谷园区为核心区域，推动新旧动能转换经验向周边地块与园区辐射，着力打造生产、生活、生态"三生共融"的创新创业高地。

2021年，我重点推动对沿长阳路区域进行业态提升的工作，打造创谷汇商业综合体，将其定位为"创业者品质生活目的地"，引入大量品牌商业，为知识工作者和周边社区提供高品质的生活服务。

我深刻感受到长阳创谷的更新进程一直是多维度动态发展的，动态体现在每一个阶段对空间的重新定义，也体现在对创新需求不同阶段的洞察。对企业办公空间之外的公共空间注入非常多创意，这在一般的园区改造中显得非常特别。我们团队的目标是要营造办公空间、会议室之外的第三空间。鼓励创业者走出办公空间，走入公共空间、多功能厅来激发创新活力。

2022 年，为提升园区功能载体的企业服务能级，我全身心投入启动五大中心的建设，即企业中心、创业中心、体育中心、艺术中心、活力中心。企业中心有视频发布、录制和直播的空间，可以供企业在此空间开展各类展示、发布、交流活动；创业中心旨在解决小微企业的办公难问题，实现了创谷园区从蚂蚁雄兵到大象起舞的企业全生命周期培育使命；体育中心致力于鼓励创业者在运动与赛事中畅快交流分享，沉浸式体验长阳创谷无边界、有生活的愉悦氛围。同年，长阳创谷被上海市生态环境局列入全市 9 个"低碳发展实践区创建名单"之一。

2023 年，活力中心完成改造，将原来仅供观赏的大草坪升级成为集生态办公、艺术生活、商业展示于一体的综合型开放场所，并入选了上海市民"家门口的好去处"名单；由长阳创谷与敦煌文旅集团联合打造的"敦煌当代美术馆"，与法国羹美集团联合打造的"羹美世界博物馆"先后建成，成为以科技赋能经典文化的杨浦文化新地标，使长阳创谷整体的文化艺术氛围进一步提升。

在五个中心建成后，我坚信长阳创谷的生态体系和服务平台能得到进一步完善，共建共管共享的理念能得到进一步放大，入驻企业的创新动力、白领的满意指数、幸福指数也能进一步溢出。创谷承载的第三空间，能够让人们随时随地在这里进行链接，不受约束。

2024 年，我积极争取杨浦区图书馆平凉分馆入驻长阳创谷并对外开放，长阳创谷成为全市首家有图书馆入驻的双创园区；敦煌当代美术馆入选上海旅游目的地推荐名单，构建了园区的国际化艺术展示和交流平台；长阳创谷数字化展厅完成提升，进一步推进园区数字化场景建设，吸引上下游企业和要素聚集，提供了区域性综合展示的平台。在科创与文创相结合的示范场景串联下，园区为企业营造着与城市生活结缘、与创意空间同行的良好工作环境，促进区域产业链式融合发展，赋能区域科技与文化创新。

纵观长阳创谷的更新历程，我们不仅仅注重"面子"，注重环境打造、公共配套建设、复兴社区活力，还注重"里子"，新旧动能转化带来了产业升级，带来了高经济附加值的企业落户，对地方经济的贡献是实实在在的。我至今记得在这片新质生产力集聚的热土上，曾先后培育和引进了摩拜单车、英语流利说、小红书、得物、赢彻科技、爱驰汽车、沪江网7家独角兽企业，尽管其中有几家是在登上聚光灯环绕的高点后，又重新进入了另一段生命周期，但他们都曾在快速成长的过程中，对产业生态的现代化以及上下游关联企业的成长，起到了巨大的推动作用。同时，也对园区内其他的"准独角兽""科技小巨人""专精特新"型中小科技企业，形成了"鲜活"的激励、示范效应。

我们杨浦科创集团打造的创新产业高地中，创智天地的"创"字，蓝色一撇寓意科技蓝，代表了上海数字转型重要的一笔，而长阳创谷"创"字一撇是铁锈红，两个"创"虽颜色不同，却一脉相承，象征着工业遗址焕发蓬勃之势的一抹朝阳红。将科技创新与城市更新相结合，长阳创谷已探索出了一条上海城市转型、新旧动能转换的创新之道。

从工业辉煌到文化地标的华丽转身

——杨树浦电厂遗迹公园的城市更新历程

徐 进

1978 年 1 月出生。2014 年 2 月进入杨浦滨江投资开发有限公司工作，现为上海杨浦滨江投资开发（集团）有限公司规划土地部首席工程师，全国巾帼文明岗获得者，长期致力于杨浦滨江区域工业遗产的规划设计和活化利用，其间见证了杨树浦发电厂项目的历史变迁与转型之路。

口述：徐　进

采访：章琳琳

整理：赵鹏程

时间：2024 年 12 月 10 日

　　杨树浦发电厂位于杨浦滨江工业带上，1913 年建成投运，曾是远东最大的火力发电厂。随着时代的发展和能源结构的调整，特别是节能减排政策的实施，杨树浦发电厂在 2010 年正式关停了发电机组。关停后的杨树浦发电厂并没有退出历史舞台，而是以一种新的形式重新焕发生机。2015 年 12 月召开的中央城市工作会议提出"留住城市特有的地域环境、文化特色、建筑风格等'基因'……延续城市历史文脉，保护好前人留

杨树浦电厂遗迹公园全景

下的文化遗产"。为充分挖掘杨浦滨江的百年工业文明特色，延续地域文脉，让场地讲述自己的故事，让历经百年沧桑的生产岸线焕发新的生命力，2015年杨树浦发电厂开始进行产业升级和城市更新，旨在打造成为一个集文化、艺术、休闲于一体的公共空间。

根据杨浦滨江公司安排，我作为该项目的设计负责人，主要负责工业遗存梳理转型利用和规划设计工作。

现场资源梳理——制作拆留清单

2015年，我带领同济原作设计团队进行初次基地踏勘之时，电厂已经全面停产，但设施设备仍存留于场地之中。大量的工业遗存静静地矗立在现场，宏大的气势令人忍不住会想象电厂关停前各路机组设备协同运作时令人震撼的景象。现如今这些高大机组在阳光下闪烁着工业金属低调沉稳的光泽，仿佛想要向我们诉说她过往的辉煌历程。

电厂当时已有了拆除方案，但是，按照这个方案似乎无法展现这个重要的市政工业遗存所代表的气势恢宏的场所精神。如何让工业遗存在新的时代焕发新生，是我们团队在设计之初就一直认真严谨思考的问题。"拆与留"的判定成为再生中第一个亟待解决的问题。我们团队采取严谨的科学态度，对国内外经典工业区改造案例进行学习和研究，希望可以最大程度保护利用好场地先天的资源禀赋。

于是，我带领设计团队对现场反复调研，我和团队成员多次钻进废弃的输煤廊道，爬上4层多高的工艺设备塔楼，对每栋保留建筑内部的设施设备逐一查看、拍照、记录……通过反复的现场踏勘、走访电厂干

修缮前的鹤嘴吊　　　　　　　　　　修缮后的鹤嘴吊

部职工、历史资料调研，在对基地内所有现存设施设备进行系统的梳理，对保护保留的工业建、构筑物，从历史价值分类到结构构造技术，再到外在形态特征开展学术研究，最终形成了指导实施的拆留清单。我们团队为电厂制定的工业遗产拆留策略着眼于对场地文化的适应性保护，基于对系统性、整体性的全面考量，综合历史文化价值、艺术审美价值、社会情感价值、科学技术价值、生态环境价值和经济价值等进行的综合评定。

但是，与当时电厂已确定的拆除方案有很多矛盾之处，由于改变电厂原有方案审批流程比较复杂，电厂方面开始并不同意我们团队的方案，后来经过区浦江办与电厂方面反复沟通协商，电厂方面最终同意增加保留了鹤嘴吊、输煤栈桥、传送带、清水池、储灰罐等7处重要的工业遗存。这次对电厂工业遗产保护保留的研究，改变了以往在工业遗产评价中以单体建筑工业特征为主的常规方式，更好地体现出整体性保护的意义和价值。

重现风貌——原生态地景重生

电厂的拆留方案确定后，我带领设计团队对电厂开展规划设计方案研究。最终形成的杨树浦电厂遗迹公园方案是对现有资源的梳理整合、更新改造的过程，是从"以生产为目的"调整为"以生活为核心"的过程，是将空间组织从"以物为核"转变为"以人为本"的过程，是重现风貌、重塑功能、重赋价值的区域更新过程。

我带领设计团队在对场地进行系统梳理的过程中重点分析了原厂区工艺流线、场所场地肌理、在地原生植物和遗存特征物，通过对这些资源系统性的评估，为整体空间场所记忆留存打下了基础。

经过分析，我们团队发现杨树浦发电厂作为火力发电厂，其滨水空间中主要有4组重要的工艺流线：第一组为将船舶运来的煤炭处理后输送至主机房进行燃烧加工的"煤工艺流线"；第二组为将煤燃烧后的粉煤灰运送至江边储存，再将粉煤灰作为水泥生产的原料运到其他厂区的"灰工艺流线"；第三组为暗藏的取黄浦江水作为电厂生产锅炉用水的"取水工艺流线"；第四组为将废水净化处理后排走的"净排水工艺流线"。

我在现场配合施工单位完成电厂的拆除工作后，场地上清晰地呈现出了百年时间作用下的场地脉络与肌理，之后所有的系统叠加与空间转换都在充分尊重原有脉络和肌理的原则下进行。对于各工艺流线中已经拆除的部分（如"煤工艺流线"的转运站、"取水工艺流线"的泵房和"净排水工艺流线"的设施建筑），我觉得也有值得挖掘的价值，于是建议将保留的地下结构作为记忆线索进而再生。

在规划设计过程中，我始终坚持杨树浦电厂遗迹公园的设计要充分

改造前的储灰罐

改造后的储灰罐（现灰仓艺术空间）

尊重历史文脉和工业遗产的价值。一方面，公共空间的营造在理解原先工艺流程的基础上展开，将江岸上的鹤嘴吊、输煤栈桥、传送带、清水池、湿灰储灰罐、干灰储灰罐等有着特殊的空间体量和形式的作业设施遗存作为塑造场所精神的出发点；另一方面，景观设计和生态修复在尊重原有厂区空间基础和原生形态的基础上进行，保留了原本的地貌状态，同时配以轻介入的景观构筑物，植物尽量以原生草本植物和耐水乔木为主，形成别具原生野趣和工业特色的景观环境。其间，我尤其重视保留元素的功能重塑和遗迹元素的功能重置。

我带领设计团队一起研究保留元素的改造方案，我们团队将被保留的原输煤栈桥改造为二层观光平台，由此建设的二层空中步道体系成为场地新的游览线路。整条二层步道，不仅有效地将防汛墙前后空间连为整体，还将原粉煤灰储灰罐（现灰仓艺术空间）及3号转运站（现杨树浦驿站）串联成系列，为远期整体空中步道体系与发电厂主机房相连通预留了可能。

在电厂临江码头上矗立着3个巨大而醒目的储灰罐（现灰仓艺术空

间），曾用于暂存干粉煤灰，是电厂生产工艺中的重要一环，我觉得这几个临江而立的高大构筑物很有标志性，与保留的两个烟囱遥相呼应形成一系列错落有致的圆柱状构筑物。我们团队在改造中采取了植入新的钢结构体系的策略，3个灰罐中的2个灰罐经过重新分层后作为展示空间，另外1个灰罐则置入了盘旋而上的坡道而兼具交通和展示功能。3个独立的灰罐通过增设两层景观平台，形成统一的整体，并由一组完全开放的漫游路径实现连接——从底部一直盘绕至灰仓顶部，使灰罐外在保持原有风貌的基础上成为新的功能载体。在2019年第三届上海城市空间艺术季活动中，储灰罐成为艺术载体，在艺术品介入后，形成了艺术展示和公共漫游紧密融合的空间。

改造前的输煤栈桥与转运站

改造后的输煤栈桥与转运站

　　另外，原本粉煤灰传送带从江边的鹤嘴吊经由输煤栈桥传导至后方的燃烧区是一个完整的工作链条，虽然输煤栈桥中靠近江岸的两座转运建筑已经拆除，但这是原工艺流程的一个环节。为了表现原建、构筑物在工艺流程中的定位，我和设计师反复讨论，从多套比选方案中，采用了在原基础上修筑水池种植水生植物的方案，并保留原有基础与暴露的钢筋，确立了遗迹广场的基本格局。将从原址建筑中拆卸下来的约3米×3米的煤斗上下倒置，覆盖于水池之上，作为休憩凉亭之用。阳光穿过煤斗上的孔洞形成特殊的光影，与周边构架上的爬藤植物摇曳的落影，共同营造出空间中的新旧关系。

　　由于公共空间需要配套服务设施，我要求设计单位尽量利用现有建、构筑物和拆卸下来的设施设备零部件等建构或拼搭成服务设施用房，这

将煤斗倒置后改造的凉亭

样一方面体现对工业遗存资源的最大化利用，另一方面体现就地取材低碳节能的环保理念。设计师也很赞同这个想法，他们利用原取水泵房内 2 米多高的水泵电机改造成为售卖亭、直饮水亭和公共卫生间；两个 2 米多长的控制阀被改造为水池的循环水泵，提升雨水湿地中的水体水质，并与净水池的基础相呼应，形成别具特色的水景景观。近 4 米长的泵坑清淤轨道车，通过装配螺旋滑梯、钢索和灯光等方式，被改造为双层儿童游乐设施，深受小朋友们的喜爱。

原净水池处于曾经电厂工业废水处理系统中的末端，工业废水经废水接收池、澄清池、中间水池、过滤器，最终到达净水池。拆除上部结构之后，留下了两个圆形的净水池基坑。我在现场踏勘时觉得这两个基坑很有特色，提出希望在改造过程中加以利用。设计师将其中一处基坑改造为雨水花园，将另一处改为咖啡厅。作为雨水花园的基坑，配合植物种植成为生态系统的重要节点——大雨时能起到调蓄降水、滞缓雨水排入市政管网的作用；另一个基坑被改造为下沉式咖啡厅，通过采用人字形细柱撑起的 18 瓣辐射状钢筋混凝土劈锥拱壳体结构，以及轻盈的玻璃围合，营造出造型新颖的功能空间，落座于咖啡厅中的市民游客既能透过柱间的开口瞥见一旁的净水池水面，又能抬头望见高耸入云的标志性烟囱。

咖啡厅不远处的泵坑艺术空间，属于"取水工艺流线"上的再生节点，原本是电厂用以储水的深坑，并附有一组复杂的装置——包括覆盖平台、4 组水泵管与 4 个锚固盖。我当时看到这些工业构建就觉得如果作为废钢铁处理掉非常可惜，就建议设计师合理利用这些工业构件，设计成能够体现场所精神的工业雕塑，或者设计成空间限定的构筑物。设计师在改造中首先拆除储水坑的覆盖平台，并将清理后的储水深坑和管道坑改造为艺术空间。4 个锚固盖则作为艺术空间的服务点被置于坑口。4 根水泵管的外管与管芯分离，两两一组被布置在整个电厂段主要路径的转折处，成为电厂段具有工业特征的标识物，既统领空间布局，又指引人流方向。

除了对工业设施的保护性改造外，我们团队还通过植被的恢复和水体的引入增加了杨树浦电厂遗迹公园的生态价值和美感，同时也为市民游客提供了一个亲近自然、放松身心的场所。

价值重赋

"2019 上海城市空间艺术季"在杨浦滨江公共空间南段 5.5 公里的滨水岸线上举办，活动中邀请了 20 位国际知名艺术家在滨水岸线上创作了 20 个永久的公共艺术品，杨树浦电厂遗迹公园作为其室外展场之一，有 4 组艺术品在电厂遗迹公园中落成。

这些公共艺术品都有很强的在地性，其中《黄浦货舱》由一艘废弃的货船重构而来；《起重机的对角线》则直接依托卸煤机塔吊进行创作；"目"的艺术团队利用取水泵坑内部的空间特征，创作的艺术作品《"目"之廊》是一次对泵坑空间的艺术化诠释。公共艺术的叠加赋能很大程度上强化了空间的互动性，以艺术的方式将历史记忆重新引入当下的语境与生活。

对我而言，杨树浦发电厂的城市更新是一个充满挑战与机遇的过程。作为上海近代工业文明的重要见证之一，杨树浦发电厂的蝶变展现了上海在历史传承与创新发展之间的完美平衡。每当听到市民游客讲来到杨树浦电厂遗迹公园就像走进一个开放的博物馆，我就感到它的确像一座连接过去与未来的桥梁，让市民游客在回忆往昔岁月的同时，能够感受到现代都市的活力与魅力。同时，杨树浦电厂遗迹公园的建成也提升了周边居民的生活品质，成为家门口的好去处。

2024年1月，上海杨浦生活秀带以其丰厚的文脉资源及其在改造建设中恰当的保护利用，获首批"国家文物保护利用示范区"授牌。我记得区委书记就此提出"杨浦始终遵循重现风貌、重塑功能、重赋价值的理念，统筹保护和利用，推动工业遗存焕发新活力、展现新光彩"。这也成为我继续从事杨浦滨江区域工业遗产的规划设计和活化利用工作的新目标。

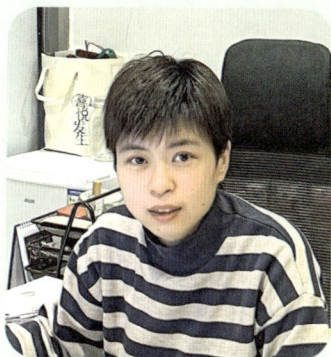

从工业遗存到艺术空间的活化利用

——"绿之丘"的历史变迁之路

周　莉

1978 年 7 月出生。1997 年进入上海凯城
集团有限公司，现为上海杨浦滨江投资开发（集
团）有限公司所属子公司上海杨浦滨江城市运
营管理有限公司执行董事。长期致力于杨浦滨
江区域工业遗产的活化利用和空间运营管理，
其间见证了"绿之丘"项目的历史变迁与转型
之路。

口述：周 莉

采访：贡 力

整理：许海晴

时间：2024 年 12 月 13 日

在杨浦大桥下，滨江步道旁，有一片工业风的钢铁森林，回旋楼梯、天台花园，从二层开始层层收缩，形成了一层层的露台。每层露台上都有绿树和花草，整个建筑看起来就像一个绿色的山丘——"绿之丘"。

我于 1997 年进入上海凯城集团有限公司工作。上海杨浦滨江投资开发（集团）有限公司所属子公司上海杨浦滨江城市运营管理有限公司成立后，我受集团党委任命成为公司执行董事，开始从事杨浦滨江区域工业遗产的活化利用和空间运营管理，有幸参与了"绿之丘"项目，其间见证了"绿之丘"项目的历史变迁与转型之路。

历史沉淀（改造前）

以前的杨浦滨江，周围全是工厂，沿江一带都是大大小小的条带状用地，这就像是个屏障，把黄浦江和城市生活隔开了，让人站在江边也看不到江。后来，城市开始转型，产业结构变化，根据市、区整体规划

原烟草公司机修仓库俯瞰

调整，杨浦滨江开始面临怎么保留历史文脉、延续历史格局、保留工业遗迹这些问题。

在工作期间，我曾参观了改造前的"绿之丘"。当时它是废弃的烟草公司机修仓库，建于1995年，是一座高30米、宽40米、长近100米的6层钢筋混凝土厂房，历史最早可以追溯到1920年的怡和冷库。它杵在杨浦滨江边上，离水岸只有十来米，对滨江岸线造成了很大的压迫感，也阻断了城市到江岸的联系。2016年3月，杨浦滨江开始实施公共空间贯通工程，把滨江景观带连起来，向城市腹地打开滨水岸线。这栋老工业建筑其本身缺

原烟草公司机修仓库近景

乏明确的工艺价值，也没有突出的建筑美学特征；而且因为规划道路安浦路要穿过该建筑；加之其巨大的南北向体量横亘在城市与江岸之间，严重阻挡了滨江景观视线，面临着被拆除的可能。

活化利用（设计和改造）

在让老工业建筑焕发新生、推动城市减量发展的大背景下，经过多方协商讨论，我们决定保留建筑并进行改造。"绿之丘"成了杨浦滨江从工业锈带变成生活秀带的标志性案例。它借鉴了"丘陵城市"的理念，权衡了拆不拆老烟草仓库的利弊，尝试了土地的多功能使用，还把滨江的开放空间和城市中心连接起来，变成了一个集市政交通、公园绿地、公共服务于一体的多功能城市综合体。建筑的外立面被整体拆掉，向西南方向斜着切了一刀，减少了对滨水空间的影响，形成了台地式的景观平台。在面向城市的东北方向也切了一刀，引导城市空间向滨水区延伸。人们可以从杨树浦路的缓坡上到建筑的二层，一路逛到滨江，形成一个充满活力的中间层空间。工程保留了线切割技术留下的痕迹：外立面的梁头还清晰可见；原本斑驳的墙面也没再粉刷，只是做了混凝土保护和固化。

拆掉墙体后，钢筋混凝土的立柱保留了下来。从二层开始，立柱上涂满了涂鸦，逐层收缩，形成了层层叠叠的露台。每个露台上都种满了绿树和花草，远远看去，整个建筑就像一个绿色的小山丘。中间有个钢结构的螺旋扶梯，连接着各个展厅，一直通到楼顶的花园。阳光照下来，形成了几何形状的空间，明暗交错，像梦境一样。南北两侧还有悬臂式

改造中的"绿之丘"

的观光走道，方便大家欣赏黄浦江两岸的美景，在保留工业建筑结构的同时，"绿之丘"巧妙地融入了现代艺术元素。

从外面看，它就像一座废弃的钢铁森林，但里面却别有洞天。为了让自然光线照进来、改变原来大板楼的昏暗状况，在建筑中心、穿过城市道路的地方，我们拆掉了原有的结构，如此便形成了一个悬在车道上方的"空中中庭"。中庭里还有一组双螺旋楼梯，也就是一进主体部分就能看到的中央大楼梯，连接着各层展厅，直达楼顶花园。螺旋楼梯中央有一棵树。这些年伴随"绿之丘"茁壮成长，现在必须用广角镜头才能拍出其全貌，树和楼梯相得益彰，成了又一处独特的"网红"打卡点。楼顶有一段 U 形步道，26 米长的钢结构环形廊道提供 270 度的观景视角。走在这里，有种腾空临江的感觉，是俯瞰杨浦滨江的一处绝佳点位。此外，建筑内部的照明设计也颇具匠心，利用自然光与人造光的结合，

改造后的"绿之丘"夜景

营造出温馨而富有层次的氛围。在夜晚，灯光映衬下的"绿之丘"更显神秘，吸引着人们前来体验这座工业遗存的新生。

我们在打造"绿之丘"公共空间的时候，规避了近年来绝大多数中国式公共空间的"功能性焦虑"和"解释性焦虑"，没有特别强调具体的区域功能使用，也没有将它变成一本枯燥乏味的"教科书"，而是让人们可以自由自在地在里面闲逛，随心所欲地感受生活中的无虑和美好，展现了上海这座城市的开放和包容。它的内部集合了基础设施、公共服务、公园绿地，处处被绿色植物覆盖，连接了城市和江岸，这些都是"绿之丘"的特点。它既打破了地块使用性质的限制，又超越了市政道路不能覆盖的规定，实现市政和民用建筑的高度融合，达到技术体的再自然化，通过单体建筑把江岸和城市腹地连接起来，还江于民，让它成为上海独一无二的多功能城市综合体。

这么多年来，对"绿之丘"我们在很多方面进行了实验性的探索，也得到了很多认可。2020年"绿之丘——杨浦滨江原烟草公司机修仓库改造项目"获得了亚洲建筑师协会建筑奖之"综合类建筑"的荣誉提名奖；2021年又获得了首届三联人文城市奖的生态贡献奖。"绿之丘"所表达的无目的自由开放，被誉为"对城市人民的宠溺"。不仅如此，线上线下互动也让"绿之丘"成了社交媒体上的宠儿，其在中国建筑圈的学术媒体和各类社会媒体上都有广泛的报道。

激发活力（改建后）

对外开放后，"绿之丘"首先是一栋很好"逛"的建筑。"绿之丘"在完成改建并对外开放后，迎来了其历史上的重要时刻——2019年上海城市空间艺术季。"绿之丘"以其工业风格、创新设计、轻松氛围和绿色生态，吸引了艺术季组织者和策展人，成为艺术季分会场，它以独特的外观吸引市民和游客在此游览，令人感到非常惬意。这是我首次深刻体验

改造后的"绿之丘"（沈清　摄）

到"绿之丘"的独特魅力。自从"绿之丘"成为我们公司的"大本营",如何激发其活力一直是我深思的问题。我带领公司小伙伴们一起集思广益,尝试引入多种形式的活动,如"城市记忆"摄影展,展出一系列反映杨浦滨江历史变迁的摄影作品;我们还邀请了多位艺术家和设计师,在"绿之丘"的各个角落进行艺术创作,让这里充满了艺术的气息,让观众在欣赏艺术的同时,也能感受到这片区域的独特魅力。如今,"绿之丘"已经发展成为一个集艺术展览、文化交流、休闲观光于一体的多功能城市综合体,不仅吸引了大量市民和游客前来参观,也成为杨浦滨江的一大亮点。我为能够参与这个项目,为杨浦滨江的发展贡献自己的一份力量而感到自豪,也更加坚定了我要将"绿之丘"打造成一个与众不同的多功能城市综合体的决心。

其次,"绿之丘"是一栋很好"拍"的建筑。随着一系列活动的举办,"绿之丘"越来越多地出现在公众视野中,迅速成为上海新的地标建筑之一,并因其独特的造型而成为名副其实的"网红"建筑。U字形的外延走廊是杨浦滨江最佳的观景点之一,为游客提供了270度的观景平台。漫步其中,黄浦江的美景一览无余。中庭双螺旋的巨型钢铁楼梯拍摄出来的大片感十足,吸引了众多摄影爱好者前来取景。2019年开放后,我曾看到许多年轻人拖着拉杆箱赶来,现场"换装"旅拍,成为一道亮丽的风景线;后续还目睹许多新人选择这里作为婚纱照的拍摄地,在这里记录他们甜蜜的时刻。

最后,"绿之丘"是一栋极具"待客之道"的建筑。在推动"绿之丘"活化利用的过程中,我遇到了不少挑战。例如,在"绿之丘"的一层,我们引入"早安,杨浦滨江!"咖啡馆作为市民和游客的休息站时,"如何在保护历史遗迹与满足现代功能需求之间找到平衡?如何确保改造后的建筑既符合安全标准又能保持原有的工业风格？"这些问题曾困扰了我许久。但正是这些挑战，激发我带领团队与合作方精心挑选材料，细致打磨每一处细节，注重保持建筑原有的工业风格，同时融入现代设计元素，使其既符合安全标准，又能满足现代人的休闲需求，最终找到了合适的解决方案，将不可能变为可能：咖啡馆以其工业艺术气息的环境和露营风格的布置与"绿之丘"的松弛氛围相契合，达到了让历史遗迹与现代功能完美融合的初衷。现在来到杨浦滨江，点一杯特调咖啡，坐在露营椅里，望着江面上穿梭不息的轮船，看着孩童在周围嬉戏，这是"绿之丘"在繁忙的城市生活中献给市民和游客的一份惬意。

"绿之丘"也被许多网友誉为"遛娃宝地"。位于"绿之丘"五层的杨浦滨江妇儿之家[①]，自2021年开放以来，已累计开展"儿童+"系列活动千余场，服务3万余人次。这个项目给我留下了深刻的印象。当时，我们利用五楼的办公空间改造成儿童活动区，设置了轮滑跑道、沙坑和嬉水区，每次看到孩子们在这里欢笑奔跑，我心里就感到特别温暖。有一次，一个小女孩拉着我的手说："阿姨，这里太好玩了！"那一刻，我

搬至"绿之丘"一楼的杨浦滨江妇儿之家
（区妇联提供）

---

① 编者注：2024年12月底，杨浦滨江妇儿之家从"绿之丘"五楼搬至一楼。

意识到"绿之丘"不仅仅是一座建筑,更是一个充满爱和活力的公共空间。在这里,孩子们不仅可以体验工业遗址的建筑之美,还有轮滑跑道供他们尽情奔跑、释放天性、接触自然。在"绿之丘"所在的这条5.5公里的滨江生活秀带上,青少年儿童能获得的远不止玩耍体验。儿童友好社区的理念在这里得到了实际的落实。

我们还在"绿之丘"内陆续导入了新时代上海互联网企业党建创新实践基地、杨浦滨江阳光综合服务中心等党建功能,以及残疾人友好的空间与功能,以综合全面的配套服务于市民和游客。所在片区还有"杨浦滨江人民城市建设规划展示馆"、杨浦滨江党群服务站"人人屋站"、明华糖仓、永安栈房、大桥公园等特色建筑和空间;周围还有"光塔""时间之载""Streeg""都市的野生"等大型公共艺术作品,相互之间形成联动。

如今,"绿之丘"不但是一座网红打卡点,更是承载着城市文化与历史记忆的综合性公共空间。它不仅提升了区域的活力,也促进了社区的和谐发展,成为杨浦滨江乃至上海的新地标。

位于"绿之丘"东南侧的公共艺术作品——光塔

皂梦空间

——上海制皂厂原址改建

章琳琳

1980 年 12 月出生。2014 年进入杨浦滨江南段建设项目组工作，现为上海杨浦滨江投资开发（集团）有限公司规划土地部副经理。全程参与了"皂梦空间"改造工作。

口述：章琳琳

采访：顾丽雅

整理：唐 准

时间：2024 年 8 月 23 日

上海制皂厂创建于 1923 年，曾是远东地区规模最大的制皂厂，蜂花、上海、美加净、白丽等知名品牌都从这里走出，是几代人不可磨灭的记忆烙印。因此，在对这片原属于上海制皂厂的沿江区域改造规划设计过程中，通过精心设计的遗存活化改造与滨江景观营造方案，既是为了唤醒并延续"上海制皂"的城市记忆印象，也是对这一国货品牌的致

改造后的皂梦空间外景（引自《杨浦时报》）

敬与支持，更是对未来城市生命力持续更新的期许。

我是 2014 年进入杨浦滨江南段建设项目组工作的。2018 年 10 月，是我职业生涯中极具意义的一个时间节点：我有幸投身到上海制皂厂的改造项目当中，肩负起现场施工管理与设计图纸落地优化这项重任。回首望去，上海制皂厂宛如一部厚重的史书，承载着近百年的风云变幻。自 1923 年建厂起，它便在岁月的长河中熠熠生辉，蜂花、上海、美加净、白丽等这些家喻户晓、声名远扬的品牌都在这里孕育而生，它们就像是岁月长河里的璀璨明珠，串联起了好几代人的生活记忆。我们家也用过这些牌子的产品，那段日子也成为我珍藏在心底的青春回忆。

刚接触这个项目，诸多棘手难题便如潮水般涌来，让人应接不暇。就拿那些老池子来说，其背后有着一段曲折的故事。按照早期既定的规划方案，原上海制皂厂用于污水处理系统的气浮池、搅拌池等一共 7 处池子是被列入拆除名单的。然而，在经历了三年多杨浦滨江南段改造更新工作后，当我第一次现场踏勘时，映入眼帘的是高低错落、大小不一的池体，池顶形式也各有不同，池与池之间的作业过道富有变化，层叠的绿植已将池子一一覆盖，成了一组由自然塑造出来的独特作品。眼前的场景坚定了我的想法：这些池子绝非冰冷破旧的设施，它们更像是默默伫立的历史见证者，每块砖、每处池壁，都镌刻着过去的影子，一旦拆除，那些珍贵的历史片段仿佛也会随之消散，就太可惜了。于是，我赶紧跟公司领导请示保留池体。在获批后我立马和项目改造设计团队致正建筑工作室携手，一周时间就赶出池体保留后的改造方案草图，还在制皂厂的帮助下，画了制皂流程和污水系统示意图。一拿到部分池体设备图，我就急急跑去规划部门沟通争取，我们团队怀着满腔热忱，一遍

2018 年 12 月，改造前的气浮池等池子

改造后的气浮池等池子

又一遍耐心地向工作人员解释保留池子的非凡意义，细致入微地阐述后续改造利用的创新方案，满心期许着能得到他们的认可与支持。无数次地沟通、反复地答疑解惑，在不懈努力下，我们终于为这些池子赢得了"生存权"，让它们得以继续守望这片土地。

池子留下了，新麻烦又来了。池子南边紧挨着 7 米（城市坐标）高的防汛墙，但池边的地坪才 4 米高（城市坐标），中间那窄巷子似的空间，想设置步行道、跑步道、骑行道"三道"就无法实现，这也是一开始要拆池子的原因。还是我们设计师想出个主意，说抬高地面标高，一来减轻防汛墙给后方陆域带来的压迫感，二来让大家能更好看江景。但池子离墙太近，我赶紧找来水利工程师帮忙复核这段防汛墙后的堆载量，还跟改造设计师商量，能不能多搞点架空设计，减轻墙后的负重，室内外配套管线连接也得顺顺当当。虽说限制很多，但设计师最后给出的管道连接方案，令大伙眼前一亮。设计师先是在各池壁上开洞，再利用新建钢管通道、地下连廊等形式将不同的池子串联成一个整体。如是这般，池子、挡墙、通道间仿佛生长出菌丝，互相交联、融合，边界

墙面上绘制的原上海制皂厂曾经的包装画

变得模糊，单体元素结构与室外的疆界不复存在，共同融合形成新的"地形"。

池体地坪的垫高也改变了东至原上海制皂厂东侧的围墙间的地坪标高，由原来的4米提高到了5米，东侧原有的围墙，一夕间成了矮墙。我们设计师真是才思敏捷，建议在墙面上利用立柱分隔，整墙绘制原上海制皂厂曾经的包装画。如今这面墙成为许多来此游玩的市民合影取景的首选。此外，我们团队对上海制皂厂西侧边界也进行了考证，据考此处原为原料储罐存区，原有的罐体已被拆除，我们就在此新建了三个仿储存罐体积大小的植物金属垂直攀爬架，让过去与现在在此关联。

最后讲讲和蘑菇云设计工作室合作的室内设计这块。他们负责的室内设计部分宛如一场奇幻的创意盛宴，构思新奇独特，"一心"围绕制皂主题雕琢出充满魔幻意象的灵动空间。而我们施工现场管理团队的使命，便是要像技艺精湛的工匠，将他们那些精妙绝伦的设计构想，从抽象的

艺术作品《一年／一万年》

图纸精准无误地落地生根，化为触手可及的现实场景。举个例子，他们匠心独运地设计了以制皂工艺流程命名的一系列空间，诸如"注入——混合——萃取——呈现——回归——泡沫"等环节，每一个环节所对应的空间都被赋予了别具一格的布置巧思。就拿"混合"空间来说，其选址正是原制皂厂的搅拌池，在这里引入放置了日本艺术家创作的大型艺术品《一年／一万年》，该作品由多个大小不等的圆锥体组成，一上一下错落排列。为了找到这件艺术品最完美的摆放位置，从而达到令人惊叹的最佳视觉效果，我和设计师们在现场反复测量每一寸距离、精细调整每一个角度，还通过邮件与日本设计师沟通确认艺术装置落位效果，力求毫无偏差。还有从"萃取"空间到"皂荚岛"展区那段特殊的"旅程"，需要用管道巧妙连接，宛如搭建一座隐形的桥梁。在安装过程中，管道的走向设计、高度设定既要契合整体的设计美感，宛如优美的线条在空间中穿梭，又得周全考虑施工人员的作业面、行人体验感，同时还不能忽视后续长期维护的便利性。那段时间，我们团队集思广益、反复斟酌，

皂梦空间内部的时空隧道

着实费了九牛二虎之力。

历经无数个日夜的拼搏与奋战，如今，当改造工程圆满落下帷幕，望着焕然一新的"皂梦空间"已然成为杨浦滨江岸线炙手可热的打卡胜地，我们内心的喜悦与自豪如潮水般汹涌澎湃。这里既原汁原味地保留了历史的深刻记忆，那些老池子、旧厂房依旧散发着往昔的韵味，又巧妙融入了现代活力元素，时尚的设计、新奇的展览，让每一位到访者流连忘返。参与这个项目，让我深切领悟到城市更新绝非简单的修修补补、缝缝连连，它更像是一场意义深远的文化传承接力赛，是为城市的肌体注入鲜活新生命的伟大创举。一路走来，虽饱含艰辛与汗水，但目睹眼前这一切，我觉得所有的付出都如璀璨星辰照亮了前行的道路，一切辛苦都是值得的。我满心期盼着，这片承载着梦想与回忆的空间能够一直热闹下去，让更多人知晓上海制皂厂背后那些动人的故事，让这份城市记忆代代相传。

智慧坊创意园
打造创新发展"能量场"

陈　剑

1958年12月出生。现为上海智慧湾投资管理有限公司董事长兼总经理，上海科远坊企业发展有限公司董事长。拥有丰富的创新创业园区规划、设计和运营经验，主导智慧坊创意园等超18家创新创业园区的投资、建设和运营。

口述：陈　剑

采访：宋宇峰

整理：宋宇峰

时间：2025 年 1 月 2 日

自 2004 年以来，我投资、建设和运营了智慧湾、半岛湾、智慧桥等 18 家园区，智慧坊创意园也是其中之一。作为工业遗产活化利用的优秀案例，智慧坊创意园不仅成功链接"左邻右舍"，环环相扣形成良性循环，并突破物理局限，赋予了旧有的工业遗产新的生命和活力。智慧坊创意园城市更新案例先后被收录《蝶变：工业遗产保护利用上海杨浦实

智慧坊创意园俯瞰

践》一书、《投资上海·城市更新篇》招商手册中。

智慧坊创意园位于杨浦滨江东外滩板块，一期前身是创建于1931年的上海远东钢丝针布厂，至今已有近百年的历史。我记得刚开始接触远东厂地块转型项目时，这座厂房已空置多时，显得破败而荒凉。墙体斑驳，窗户破碎，杂草丛生，一片萧瑟之景。内部设施也早已陈旧不堪，灰尘遍布，冷冷清清，急需进行修缮和改造，以重新焕发生机与活力。

2018年，我决定和太平洋机电（集团）有限公司联合组建上海科远坊企业发展有限公司，具体负责智慧坊园区项目的投资、建设和运营。2020年一期改造完成，过去的上海远东钢丝针布厂变身为智慧型园区，通过公共空间的串联和文化元素的注入，打破了传统的封闭空间，让空间得以流动、贯通。与此同时，在智慧坊园区还可以看到曾经工厂车间外立面建筑的红砖元素，以及被保留的"远东"二字标志，这些历史印记都是我特意嘱咐一定要保留下来的。

改造过程中，为了提升园区配套功能，将原本厂区内的食堂改造成

修缮前的15号楼

修缮后的15号楼，保留了"远东"二字标志

曾经的工厂食堂被改建成了举办各类会议、时尚发布会等的多功能会议中心

了多功能会议中心。由于其位于园区核心位置，地理条件优越，当初很多人劝我改成独立办公空间，便于出租，但最终我还是决定不改初衷，坚持将其打造为多功能会议中心。如今看来，这个决定是正确的，多功能会议中心满足了园区企业和周边社区对于会务、会展等功能的需求。在这里举办了六一嘉年华主题集市、二次元模型展、人人议事厅等近百场活动，成为一个集会议、活动、交流于一体的综合性场所。

随着一期园区的常态化运营，政府建议我们将毗邻园区的上海自行车三厂的厂房也纳入整体规划，作为园区二期进行改造升级。自行车三厂虽说是厂房，但当时已经成为一个垃圾堆放地，环境脏乱差且存在安全隐患，与旁边贵阳路整体环境极不协调。说实话在经济下行压力增大的背景下，我们公司可以说是迎难而上，投资改造自行车三厂，最终于2024年9月完成园区二期整体的升级改造。通过智慧坊二期项目，提升了贵阳路区域的整体形象，同时也扩大了智慧坊的园区规模，为围绕园区产业定位引进更多优秀企业奠定基础。目前我们园区一、二期共拥有50多幢不同年代、风格迥异的老建筑，占地面积约30000平方米，建筑面积约60000平方米。

融合之路 催动文科创产业"聚变"

硬件改造完成后，产业定位仍需我们进一步探寻。杨浦拥有丰富的高校资源和人才聚集的优势，这为企业的落地和发展提供了良好的土壤。园区也需要在内容上有一定的深度和高度，所以经过讨论与排摸后，我们决定逐步构建一个以人工智能大数据、绿色环保和创意产业为主的创新型现代化产业体系。

同时，我们园区是由旧厂房改造而来，拥有空间大、层高较高的条件优势，大面积多建筑物构成的规模效应，能为项目功能重新定位提供多元组合空间，甚至衍生出全新的产品，以满足入驻企业个性化的需求。比如园区内的上海悠动智能科技有限公司，这是一家专注于高速影视机械臂软硬件的系统开发，面向影视和广电市场用户提供高效易用的影视机械臂产品的企业，它的产品涵盖臂展1.2米至3.2米的高速影视机械臂，对工作场地的室内层高有一定要求。通过我们介绍，悠动公司发现园区内原上海自行车三厂厂房，恰好能够满足打造影视拍摄、日常办公及产品存放所需的一体化空间要求。

又如我们园区东南角的一家"宝藏"小店——TK studio美学生活馆，是一家由设计师发起创立的服饰设计公司。他们公司负责人来到智慧坊后一眼看中了园区7号楼，并跟我说："这栋楼的红砖外墙及'老

改造后的智慧坊创意
园二期园区

虎窗'建筑结构独具工业韵味。这种工业遗存加上现代设计所传递出的城市与社会发展过程中静与动完美融合，与我们品牌的内在理念不谋而合。"如果恰巧路过这里，我建议不妨走进去逛逛，感受一下匠人匠心。

我们园区有别于甲级写字楼，有着层高高、柱距宽、独栋多的特点，为留住区域内优秀企业发挥了独特优势。我记得当时在杨浦办公注册双落地的优秀德资企业菲亚德工具贸易（上海）有限公司，因城市更新规划，不得不重新选择办公场地，并在全市各区找寻楼层层高不低于5米，室内可满足工业切割机使用场景的新办公地。在相关部门的牵线搭桥下，我们园区与企业多次沟通对接，最后菲亚德落地智慧坊园区，将6号楼一层5米层高的1000平方米空间打造成集办公、员工培训、加工、试验及仓储于一身的整合空间，工业发展与城市更新不再是必须二选一的难题。其间，我们园区同步协助企业快速完成注册落地，使得企业筹建期大大缩短。

创新＋创业　下一个火爆"CP"

在园区打造过程中，我们也逐步从"空间提供商"向"产业运营商"演变。因为我们园区正对杨浦区中心医院，商铺的位置特别好，当时在园区改造建设初期就有许多水果店、快餐店看中此处，但我坚决不同意，而是等到园区改造初具规模后，主动与品牌商户进行接洽，给予优惠的入驻条件，最终成功引入能够提升整个园区服务品质的品牌商户，比如星巴克。星巴克还在原厂区的门房间位置进行了创新改造，打造出了一个独特的"星巴克会客厅"。同时，我们也主动邀请"年少有为升职记"节目组，在会客厅每月进行直播活动。现在会客厅已经成为企业交流和孵化空间，为创业者们提供一个交流与合作的好平台。

我一直强调，园区不仅要提供物理空间，更要转变为为企业提供全方位赋能的伙伴，为企业不断创新发展提供适合的土壤，助力企业快速成长。

譬如我们园区内的上海掌上春天智能科技有限公司，致力于商业 AI 智能机器人软硬系统生态的打造应用，团队打造的第一款商业应用——"大咖来了"，采用完全无人化，覆盖多种类全系饮品，实现低门槛、低成本的新型创业方式。其上海首店即选择开设在我们园区主干道上，很大程度上

园区内的"大咖来了"上海首店

得益于这里良好的营商环境，以及丰富的消费场景，自然融入园区、校区、社区，吸引消费者前来打卡。

而该种经营模式更是为残障人士铺就了一条"幸福就业路"，在区人力资源社会保障局、区残联、区市场监管局、定海路街道等部门的支持保障下，"唐宝宝"（唐氏综合征患者）们已顺利在上海首店当上了掌柜，他们也能像普通人一般，为社会奉献出自己的一份力量。

从"智"出发　打造人才聚集"强磁场"

为让更多的企业在园区生根发芽，除内部挖潜外，我们还致力于借助区域高校资源，引入"创新活水"，为企业注入源源不断的新鲜活力。

我们智慧坊园区与毗邻而居的上海电力大学合作挂牌"碳中和技术创新中心",推动绿色低碳科研成果转化,同步引进上海电力大学参股企业——上海微程电气设备有限公司,实现工业发展与低碳经济的融合。在打造科创、文创产业集聚、融合型园区的同时,我们园区还积极联动高校资源为大学生创新创业、美育一体化发展作出贡献。除与上海电力大学合作外,上海理工大学庄松林院士也在我们智慧坊园区设立了工作室,促进产学研落地,带动学生实习及就业发展。

我们园区入选区域内首批授牌的"杨浦区大学生实习综合基地",进一步加强与杨浦区内各高校的合作,为大学生提供更多高质量的实习机会,帮助学生将理论知识与实际工作紧密结合,提前适应职场环境,培养学生解决实际问题的能力。同时,我们园区发挥自身优势,加深与园区企业的合作,不断优化实习基地的建设,实现企业、学生双向奔赴,为学生们提供更广阔的实践平台和更丰富的职业发展机会。

我们园区与上海理工大学出版学院党委、定海路街道党工委合作挂牌"社区大美育实践基地",打通社区美育"最后一公里",携手打造定海"15分钟文化圈",让美育真正惠及每一个居民。后续我们将在联合推进"两企三新加油站"、合力打造"文化创意新高地"、创新探索"定海社区大美育"、联动建设"创新创业众平台"等方面开展深入合作共建,深化提升三区联动成效,实现党的建设与经济发展、社区治理良性互动。

一方面,我们智慧坊创意园紧紧围绕《杨浦区重点功能区发展"十四五"规划》,优化重点产业布局、引导高端要素资源集聚、培育特色优势产业集群,使产业上下游成为产业上下楼。另一方面,我们园区还积极配合市文创办推进《上海市文化创意产业园区提升发展行动方案

（2024—2026）》，紧跟市政府规划部署《关于推动"工业上楼"打造
"智造空间"的若干措施》，因地制宜发展新质生产力，以企业为主体、
以市场为导向、以创新融合为主线，强化产业要素集聚，完善产业服务
体系，打造产业特色品牌，营造创新创业氛围，为推进上海创意与设计
产业健康快速发展作出贡献。

智慧坊创意园承载着城市的记忆，让逐渐褪色的历史建筑得以蜕变
新生，与城市的文脉有机相连。未来，我们园区将持续发挥"能量场"
作用，吸引更多优质企业和人才入驻，推动区域经济高质量发展，成为
一处融合历史传承与现代创新的自由天地，成为一个激发创意、绽放活
力的社交生活圈。

人居环境
品质提升

从平凉西块旧改
到创建人民城市平凉实践街区

薛明珠

1962 年 9 月出生，原平凉路街道二级调研员。2007 年起在平凉路街道先后任社区居民区党委专职副书记、分管街道司法所等共 16 个年头，参与了多个基地的动迁推进，亲历了平凉西块旧改与城市更新建设。

口述：薛明珠

采访：王颖珺　刘英芬

整理：刘英芬

时间：2024 年 8 月 16 日

平凉西块作为上海旧改最难啃的五块"骨头"之一，与虹口虹镇老街、黄浦董家渡、闸北北广场、普陀建民村一起，被上海市委、市政府列为全市的五大重点改造基地。从 2005 年平凉西块（一期）拉开改造序幕开始到 2022 年完成成片二级旧里征收，前后历时近 20 年，拆除二级旧里以下房屋约 105 万平方米，动迁 37 个街坊，近 8.9 万居民告别了

旧改前的平凉西块地区鸟瞰

常年被遮蔽阳光的旧里，告别了拎马桶的生活，在欣喜中住进了敞亮的新居。

2007 年，平凉西块一期动迁进入尾声、二期着手启动准备，社区居民区党委专职副书记缺位，组织上把我从大桥社区居民区党委专职副书记的岗位调到了平凉。在这之前，我长期在市、区妇联系统工作，旧改对我而言也是陌生概念，所幸一直是在与人与事打交道，做群众工作还是略有些经验和心得的。平凉地区如火如荼的旧改工作，说到底也是做群众工作，要将我们的工作成效体现在群众对党和政府的政策方案的认同度、配合度和满意度上。从这个角度讲，到平凉工作，与我之前的工作经历也是蛮"契合"的。

到了平凉以后，我的主要工作是管理各居民区党总支和居委会，推动和帮助他们围绕区和街道中心开展工作、完成任务。在平凉西块旧改期间，推动和促进动迁居委更好完成动迁任务便成了我的日常工作之一。与此同时，作为一名处级干部，平凉每一个重要基地的启动，每一个较大地块的签约，我都要全程参与、包片带块，承担起一定的推进责任。

如今，回想起曾经在旧改基地上的一幕幕，想想自己曾经有幸参与了平凉西块的旧改和建设，真是感慨万千，其间的一桩桩、一幕幕，一个个场景、一个个故事，真的像放电影一样在眼前掠过，而印象最深刻的莫过于以下两个方面：

街道做主角，推进旧改成第一要务

在我原本的认知里，动迁就是动迁公司的事情。所以，以往动迁，包括平凉西块一期动迁，街道的工作一直是配合协调、帮助和支持，机关干部对动迁工作的参与度并不高。但是，随着国务院《国有土地上房屋征收与补偿条例》出台，动迁政策进行了调整，动迁工作已经由直接套政策、套方案转入到做动迁居民思想工作为主，由此，街道熟悉居民、贴近实际、善于协调的特长和优势就凸显了出来。于是，街道的定位不再是配合，而是从"配角"转为了"主角"。

说实在，街道成为旧区改造的主角，我们机关干部就不再是旧改的观望配合者，而是主动参与者，这是一个很大的转变，但是往深里想，街道是直面群众的第一线，最能知道民之所盼、心之所向。

厘清了思路以后，我迅速转变角色：把动迁工作当本职，在做好原有日常工作的同时，自我加压、主动加压，迎难而上。通常是上午紧锣密鼓完成手头事情，下午、晚上及双休日去基地，排摸情况、宣讲政策，切实"沉下去"，到居民家里去做工作。正是这种"主角"意识，我和同事们认识到不仅是多了一份工作、多了一份压力，更是多了一份责任。

18街坊旧貌（摄于2009年5月27日）　原18街坊现翡丽甲第小区（摄于2024年9月9日）

我们不仅原来工作照做，还加班加点、夜以继日，舍小家为大家，就是生病了也不下"火线"，得到居民的信任和理解，从而帮助绝大多数居民尤其是有各种问题的困难和弱势家庭，实现早走早得益、早走多得益。

那时候，从平凉西块二期的 16、17、18 街坊起，基地上就开始实行"分片划块"责任制，就是处级领导干部分片包干、科级干部包组进户，分片划块、责任到人，各组的"特困家庭签约数"和"小组签约率"都由街道推进办每天上墙公布并更新，"比学赶帮超"的氛围非常浓厚。我每天到基地都会去查看一下当日墙上的"签约率"和"特困家庭签约数"，找差距、寻目标，然后仔细向对口经办人了解最新签约信息。但凡尚未签约的目标家庭有人在家，我就带着小组同志第一时间去上门沟通，耐心解释动迁政策，动之以情、晓之以理，努力把工作做细、把道理讲清，同时倾听他们的诉求，共同商量安置方案。为了找到人、碰到人，且不耽误时间、不耽误工作，有人顶着炎热酷暑奔赴大丰农场，也有人午夜 12 点多了还赶往闵行的居民家中，还有人为了一户居民上门十多次。这些感人的点点滴滴是基地里经常能够看到、能够听到的。

当时，动迁政策补偿做的是"减法"，签约前期奖励多、房源多、房型多，越到后期，用于动迁安置的资源就越少。如果按照"先易后难"常规方法，虽然开头进度很快，签约数字也会比较好看一些，但难题积压到后期，相对奖励少、房源少、房型少，往往越拖越难，最终"欲速则不达"，而最后留下来的问题又常常是非常棘手的问题，解决难度非常高，甚至会成为不小的"麻烦"。

因此，我和同事们都是一个信念：尽自己最大努力，让老百姓多得实惠，在居民得益最多、时间最宽松、资源最丰富的奖期中，优先帮助和推进特困家庭签约，达到合法利益最大化，不留遗憾。那段时间，我几乎每天都在跟居民细心、耐心地讲政策、谈方案，协调居民家庭矛盾，帮助他们更多了解政策、理解政策，珍惜来之不易的机会，从而支持、配合动迁工作。

干部是主力，政策落地成第一责任

2005—2015 年，平凉西块共动迁 19 个街坊，动迁居民 2 万多户；从 2016 年区委、区政府做出"旧改决战平凉西"的决策部署到 2022 年收尾，平凉又有 18 个街坊涉及动迁。要完成如此庞大的数字，真正让政府惠民利民的政策落地，除了"阳光动迁"机制上的创新以外，人的因素也是非常重要的。如果没有一支素质过硬、战斗力强的队伍，没有每一个人的竭尽全力，没有坚定的信念、连续奋战的精神，这项任务是无

2006 年平凉西块旧改基地办公室内景（刘军　摄）

法完成的。

有速度也有温度，"我为亲人搞动迁"

2009 年，是平凉西块动迁的高峰时期。一年中动迁的地块就有 14 个，覆盖面之广，力度、强度和难度之大实属罕见。那时候的工作是真辛苦，因为面对的都是特殊家庭，各有各的困、各有各的难，大家都是咬紧牙关，"5+2""白 + 黑"，夜以继日连轴转，没人叫苦，每个人到了基地就像到了战场，必须打赢，不能当逃兵，不能把特殊困难家庭拖到最后，更不能让他们成为"钉子户"、强迁户，要真正拿出"我为亲人搞动迁"的姿态来。我想，这应该是我们当时的使命吧。

记得在 53 街坊，为了不让一家"一产多户"的居民损失"首期签约"的奖励费，在前期做了大量工作的基础上，我和同事在最后一个签约日从中午 12 点到晚上 12 点，马不停蹄、来来回回，十几个小时对互不相让的三兄妹轮番进行了十几次谈话和调解。眼看着基地签约率已经超过 99%，多一户少一户相对无关紧要，但我们不放弃，终于踏着深夜 12 点的钟声完成了签约，保住了他们 60 万元的奖励费。事后三兄妹感激地送来了锦旗。那时候，我们"老韦调解工作室"①的同志是真给力啊，抱着"不能让居民损失"的信念，以"开局即决战、起跑即冲刺"的速度，与时间赛跑，在 53、54 街坊 3 天约谈 50 户、5 天调处纠纷 40 多起！现在想想都不得不敬佩。

我还清楚地记得，一位患有精神疾病的独居居民，要求在全货币结算后购买本区的二手房，拿不到房子就不签约。我们街道的干部走访多

---

① 编者注："老韦调解工作室"成立于 2012 年 6 月，最初由人民调解员韦登义及一名社区法官常驻旧改基地，调解房屋征收补偿中的家庭矛盾，化解相关纠纷。2016 年 1 月 21 日，韦登义在调解完一起房屋拆迁纠纷后，在下班途中因车祸离世，同年司法部追授其"全国模范人民调解员"称号。

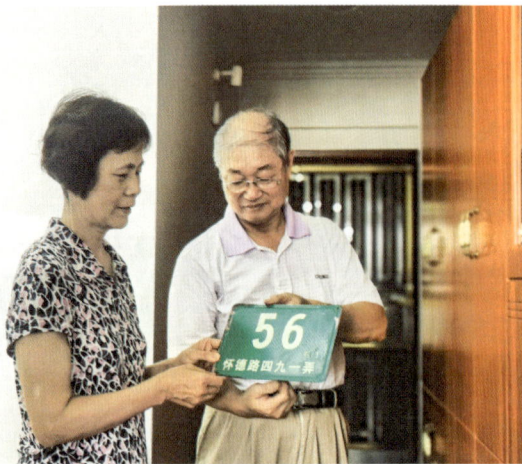

2021年3月2日，平凉53、54街坊，4街坊（后纺三）征收基地首日签约率为99.21%。图为老两口手持旧门牌，他们曾经住在怀德路491弄56号只有20平方米的老房中（引自《杨浦时报》）

个房屋中介，想方设法寻找房源，无数次陪同看房，直到这个居民选到称心的房子，还帮他平稳过渡解决了暂住地才告一段落。还有一对重残无业夫妇，认为残疾人在动迁中应该得到特殊优惠，要求救助10万元。也是我们机关干部不厌其烦、反复解释，说明动迁和救助分离是"阳光动迁"公平公正的一大进步，并指导他们按正常途径向有关部门提出救助申请，同时热心当他们的参谋，提出多种安置方案供他们选择，亲人般的设身处地的关怀终于让他们顺利签约搬迁。

其实，从一个基地来讲，签约的速度固然重要，但温度同样不可或缺。对于老百姓来说，有时候温度可能比速度来得更为重要，老百姓记住的往往都是一些更有温度的东西或体验。

2010年底，73街坊基地启动的时候已经是冬天了，那时充分尊重民意的"二次征询"新机制刚刚开始实行，许多居民热情高涨提前两天就开始在基地自发排队，希望能尽早签约选房。居委书记闻讯后，立即带领全体居委干部连夜安排人员驻守在基地，对在现场排队居民进行编号并给他们送水、搬凳椅、送早餐，维持现场秩序，在寒风中陪伴了他们两天两夜，很多居民感动得不停道谢。那一刻的温情传遍了基地，延续好长时间。首日签约的那一天，现场居民的脸上都洋溢着喜悦。事后，73 街坊基地以 97.6% 的签约率提前 35 天生效。

是情怀也是胸怀，坚韧里面存大爱

随着旧区改造的不断推进，居民对政策的理解也逐步加深。所以，基地签约进度通常都很快，效率越来越高，好几次出现了 99.21%、99.64% 等刷新"首日签约率"的纪录。这些数字背后的许多付出、许多坚韧却是一言难尽的。动迁是老百姓最关心、最直接、最现实的利益问题，但也会让原本看似平静的家庭突然冒出火星，甚至激发沉寂多年的家庭矛盾，爆发家庭大战，而来不及解决的各类矛盾往往不仅会影响居民的家庭利益，还会影响基地的签约进度，进而影响旧改进程。

2016 年和 2021 年先后启动的 10、11、41、42 等街坊，都是房屋年代久远、类型复杂，家庭人员里老弱病残比较多的地块，一些老房子的原承租人早已过世，不动迁还好，一动迁，承租权纠纷马上出现；还有一些老弱病残异地安置看病问题等，都给动迁工作带来很大难度。

作为化解矛盾的骨干力量，为切实维护动迁居民的利益，我们的"老韦调解工作室"基本是基地开到哪，就牌子挂到哪、工作追到哪，甚至基地还未开，调解室已先行一步开始约谈，有矛盾化解矛盾，有隐患消除隐患；调解员们每天"九进九出"抓紧每一分每一秒，用真心真情、用专业视角帮助当事人解开心结、修复亲情、避免损失，常常是一天四五场调解会，讲得口唇起泡、嗓子沙哑，顾不上喝水、顾不上吃饭，一桶泡面打发一顿午餐或晚餐，不分昼夜地连轴转，不仅要在一些"摩拳擦掌"的家庭成员中周旋、拉架，还要想方设法让他们回归理性、面对现实、早日签约搬迁。

当时，作为调解室的分管领导，我身在其中也常常被感动，最难忘的一件事至今记忆犹新：一户母女二人的特困家庭，瘫痪的老母亲年近90，纤瘦的女儿风湿病极其严重，也许是生活的重负所致，脾气非常暴躁，她们坚持要本区的房子。但谁能保证她们能拿到本区的房子呢？于是，无数批上门做工作的人都失败而归，后来几乎没人敢上门。于是，我去了。看着躺床上的老人和女儿因风湿而严重变形的双手双脚，我心里也不好受。眼见首期签约结束的日子越来越近，拖下去不会有更好的结果，我既心疼又着急，便开始"死马当作活马医"。我每天上门，扫地、洗衣服、照顾老人……女儿干什么我就帮着干什么，边干边聊边帮她出主意，一起商量今后生活可能的各种安排。终于，四五天后这户人家的女儿回心转意，在奖期的最后一天晚上11点多跟着我踏进基地办公室，签下了当时几乎都认为不可能签的协议。事后，她还分别给区政府和街道写了感谢信。由此，我也深刻体会到老百姓的心里确实有一杆秤，只要我们真心实意帮他们，爱他们，替他们着想，他们终究是称得出分量的。

出于对"老韦调解工作室"的信任，基地上的老百姓碰到家庭矛盾都会来找"老娘舅"，政策法律上有不理解的也会来咨询，甚至受到委屈、遇到不开心、觉得不公平的时候也会来调解室讲讲。调解室成了动迁居民的好朋友，在一轮又一轮的旧改奋战中，化解了一个又一个看似无解的矛盾，成功调解动迁家庭纠纷并形成调解协议书490多件，实实在在地助力了平凉旧改大决战的推进。

人民城市实践街区建设是第一使命

随着平凉西块旧改的圆满落幕，平凉路街道进入大开发大建设时期，辖区内工地密集，塔吊轰鸣。东方渔人码头、保利绿地广场、光大安石中心等成为平凉地域性地标，一批新建扩建的社区文化中心、睦邻中心、社区学校、为老服务综合体走进百姓生活。但街区二元结构社情依旧明显，空间品质差异较大。

2019年11月，习近平总书记到杨浦滨江考察时，提出"人民城市人民建，人民城市为人民"重要理念。随着对这一理念的认识深化，平凉路街道在实践层面也进行了探索，统筹推动城市有机更新与精细化治理，努力创建"三生融合、四宜兼具、各美其美、美美与共"的"人民城市平凉实践街区"，顺应人民群众对美好生活的新期待。自创建工作启动以来，街道利用独特的地理位置优势，在杨浦滨江沿线陆续建成5个党群服务站点，还匠心独运地在秦皇岛路码头设立了"红色启航"浮雕墙。14个老旧小区及许昌路、兰州路等道路进行了"美丽家园""美丽街区"改造，江浦路龙江路街角等城区公共空间边角料通过城市微更新，变身成了党建微花园。还有"平方合"营商服务品牌的推出，提升了对企业的服务能级。

如今，我走在平凉的大街小巷，走过一个个曾经的旧改动迁基地，感慨万千。我见证了平凉街区的华丽转身，一个宜居、宜业、宜游、宜学、宜养的"人民城市实践街区"正逐步从"施工图"转化为"实景画"。

党建引领睦邻共治
创意生成美好社区

杜 娟

　　1972 年 11 月出生。2020 年进入四平路街道工作，现为四平路街道党工委书记、人大工委主任，长期主导四平路街道与同济大学共同开展"空间创生行动"，通过剩余空间到活力公共空间重塑来提升街道品质，并开展基于本地的、小规模的、渐进式的社区层面邻里更新的品牌项目，已成为上海市城市更新的品牌旗舰项目。

口述：杜　娟

采访：姚逸初　薛　辰

整理：薛　辰

时间：2024 年 8 月 9 日

　　四平路街道占地 2.75 平方公里，常住人口近 10 万人，是典型的老工人新村。人口密度大，公共设施陈旧、街区业态级别低，路边步道逼仄。居民提出想要"遇到好邻居，拥有好环境，享受好服务，每天好心情"。恰逢"城市家具"概念逐渐兴起，应和了社区群众对城市生活的憧憬，希望社区公共场所能像家一样方便舒适。我们依托区域内百年名校——同济大学，主动开展街校共建，聘请同济大学专家作为社区规划师；与设计创意学院合作的"四平空间创生行动"，结合社区内重点薄弱地区开展整治，通过"城市家具"的合理设置，在美化环境的同时，赋予社区功能、形态上的提升。

　　我于 2020 年 7 月经组织安排到四平路街道担任办事处主任。来之前就对"四平空间创生行动"有所耳闻，到任后我本着一张蓝图绘到底的决心，接续奋斗，持续推动"四平空间创生行动"圆居民所愿、应社区更新所需，逐渐形成了点—线—面—圈，社区硬件设施年年有更新的蓬勃景象。

由点及线，城市家具微更新

通过实地调研和听取汇报，我了解到"四平空间创生行动"源于
2015 年，当时为了整治大学周边乱设摊和不卫生排档，街道主动与同济
大学开展党建联建联组学习并协同合作，成功治理了大学周边环境。社
区和高校共生关系逐渐加深，合作意愿越加强烈。2015 年街道与同济大
学签署共建协议，共建项目涉及 23 个院系，其中与设计创意学院合作的
"四平空间创生行动"是一项富有时尚感、前瞻性的项目，意指"让创意
在社区中生成"，也指"用创意创造出社区公共生活"，正因为有了这一颗
种子，经过十年培育浇灌，才有今天可以走走坐坐的 NICE 四济家园。

在调研过程中，我发现早期的"四平空间创生行动"是从辖区内围
墙、座椅、报栏、窨井盖、垃圾房、街头雕塑、绿化小景等微更新改造
开始。比如在电表箱画上充满弄堂风情的油画，花坛边多个让人歇脚的

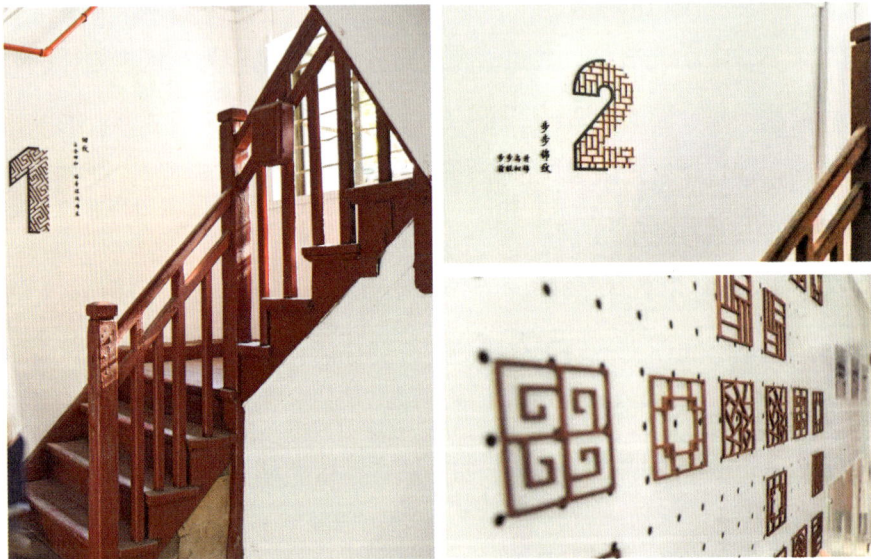

"祥和楼"的红楼梯组图

座椅，文化活动中心外的空地变成了儿童沙滩，闲置的电话亭焕新为街头美术馆，曾经单调沉闷的老工人新村"处处有惊喜"。同济的设计师们走进四平社区的角角落落，了解居民对社区公共空间的意向和需求，用丰富的创意，打造了无数"别人家的"楼道。"五好楼""石榴楼"等特色楼组处处彰显着小设计，鞍山三村"祥和楼"的红楼梯（the red stairs）获得了美国体验环境图形协会 2018 年设计荣誉奖。走访时，该楼一位居民对我讲，"虽然我就一间房，但我生活在这里很温馨，每天推开房门看到一片中国红，心情就很好"。

由线及面，城市家具再更新

上任后，我把"四平空间创生行动"关注的重点聚焦在城市家具设计和整条街区更新。经过改造的抚顺路、苏家屯路、阜新路、四平路1028弄、赤峰路等成为四平社区一道又一道风景线。我经常从这几条路

阜新路美丽街区

上经过，对沿街墙面上生动逼真的涂鸦、孩子们的乐园"马里奥"、鲁班锁积木、线条如行云流水般的白色"生长椅"、以文字"四平社区"为主题构建的功能座等街边艺术如数家珍。其中阜新路80米长沿街绿化带变成了赏心悦目的口袋花园，每天都吸引着众多儿童来此玩耍，我记得这个设计还获得了美国体验环境图形协会2019全球设计奖最终提名奖（FINALIST）。

同济大学用创意更新社区公共空间，我们街道则动员居民参与，加强小区街区治理，丰富社区服务，在点缀着创意和艺术的辖区范围内，为老服务综合体、睦邻中心、睦邻小厨、乐业空间、环同济企业沙龙、敬老院、文化活动中心、图书馆等配套服务设施布点在居民家门口。每次介绍我们街道时，我常会说请到四平走一走，就能在社区设施、空间和服务中感知社区样貌；坐一坐，便能在深度体验市井烟火气中寻找创意和幸福。2021年，四平成为上海城市空间艺术季主展区域之一，以"走走坐坐"为主题，将"展览"带着功能性融入社区，形成一个"小而美、老而雅"的"15分钟社区生活圈"。

由面及圈，城市家具再创新

2021年11月，我挑起了新的担子，担任街道党工委书记。伴随着我对人民城市理念认识的深化，我有意识地推动"四平空间创生行动"更加注重城市腾出空间的社会化再造。比如阜新路260号的同济—麻省理工合作设立的上海城市科学实验室（MIT城市实验室）就是一个由存在十多年的废品回收站改造而来，这里通过视觉、听觉、触觉让居民感受城市乡愁，勾起弄堂里的烟火记忆。再如"NICE好公社"，300平方米的空间里既有私密性的会议室，也有开放性的瑜伽房，还有互动性的公共厨房和咖啡吧台，以接地气的形式为四平社区居民量身打造了一个文化交流、事务协商、社区活动的

上海城市科学实验室内热火朝天的讨论场景

"公共会客厅"，这里也是落寞杂货铺的华丽转身。"城市科学实验室"和"NICE好公社"都获得了2020"美好生活"长三角公共文化空间创新设计大赛"百佳公共文化空间奖"。

多年来的坚持不懈，社区旧貌换新颜。由点及线及面及圈，种种变化不但有城区面貌的改善，更使社区氛围得以提高。这些成果的取得，我认为主要有"四靠"：

一靠党建引领，顶层设计明确共治模式。

社区是城市管理的基本单元，也是城市基层党建的神经末梢。我一直在思索推动城市基层党建与社区治理特别是像四平这样的老工人新村社区治理的互融共促的方式，如何通过基层党建来引领基层社会治理。透过"四平空间创生行动"，我认识到关键在于明确多元主体谁来"破冰"，多元主体谁来"协调"，多元主体谁来"领导"等问题。

经过和同济大学历时七年的合作，我们慢慢摸索出了一套"党建引领，政府引导、高校指导、居民主导"的社区共治模式。在这个模式下，

我们和同济大学一起，形成了一个治理共同体，注重发挥基层党组织的领导作用，党员的示范作用，以及党的群众组织力和政治领导力，为社区的发展打下了坚实的组织和群众基础。

居民区党组织为居民指引方向、搭建平台、整合资源，组织党员骨干和居民代表，挨家挨户征求意见。党组织不直接参与具体事务，只发挥"指引方向"的党建引领作用；当居民在协商过程中出现分歧时，党组织会适当引导，充分调解；在推进过程中遇到困难时，党组织会整合社区资源。

我们依托区域化党建平台，街校联建项目逐步完善，每年与同济大学各院系开展联组学习；与同济大学马克思主义学院合作，成立了"家门口的社区党校"；组织"小巷总理"走上同济大学讲坛与高校师生交流心得体会。楼道是社区最小的细胞，在打造"睦邻家园"的过程中，我们主动适应创新社会治理、加强基层建设的新形势，以"党建睦邻楼组"建设为切入点，党员在有条件的楼道建立混编党小组，站位一线，亮身份、亮承诺、亮公约，在社区做好示范引领。通过"自己家园、自己做主、自己出钱、自己出力"的"党建+"自治新模式，推动全员参与社区建设管理，形成了130余个各具特色的党建睦邻楼道。

二靠温暖邻里，睦邻文化唤醒共生意识。

"睦邻家园"在社区中的形态是一个"友善、互助、信任、共享"的民本社区，目的是通过社区的"微更新、微改造、微治理"，全面提高人民生活水平和社会和谐程度。邻里之间通过参与构建增加了交流和信任，形成良好的邻里链条。通过小区公共空间微改造与公共秩序微治理，使得整个小区的居民打破冷漠、相互帮助、相互依赖，少一些怨气，多一些信任，少一些牢骚，多一些参与，更好地解决小区物业的管理难点和邻里矛盾。

睦邻客厅

我们不断从剩余空间到活力公共空间重塑来提升街道品质，并开展基于本地的、小规模的、渐进式的社区层面邻里更新，把居民带回公共空间，让社区的人因为新的场所而联系在一起，让居民更有归属感，社区更有人情味。全方位推广传统"睦邻"文化，唤醒社区各类主体的社区共生意识，利益关联意识，把"睦邻"理念嵌入关系建构和事务治理的全过程，把"温暖邻里"作为基层治理的原动力和最终目标。

整洁优美的楼道是吸引居民走出家门、融入社区的第一步。2016 年我们街道完成了 50 个"睦邻楼组"的治理改造，2017 年建成 80 个"睦邻楼组"，2018 年又再次建成 54 个"睦邻楼组"，从治理楼道、美化楼道开始，在各居民区开展睦邻活动，形成良好的邻里链条。在同济大学景观学院专业力量的指导下，在鞍四（3）居民区百草园，从篱笆绘制到雨水收集，从利用厨余垃圾制作堆肥到植物漂流，从 5 个微信圈的热烈讨论到现场热火朝天的植物栽植，近千人次积极主动地参与定期活动。

三靠居民参与，良性互动巩固共建局面。

以往的社区治理中，政府总是处于主导地位，居民基本是被动接受管理，参与热情不高，获得感不强。我们向居民倡导"自己家园、自己做主、自己出钱、自治出力"的自治理念，通过"居民自治"实现了由"政府单向推动"向"多方沟通协调"的转变，实现了"居民被动接受"向"居民主动参与"的转变，实现了"政府资金投入"向"居民自筹自治"的转变，进而实现了向"政府治理和社会自我调节、居民自治的良性互动"的转变。比如我们建设抚顺路 363 弄、伊顿公寓、赤峰路 89弄、通华大楼 4 个小区的项目，涉及 11 栋 434 户居民，居民自发出资累计 96.96 万元。

我们始终注重社区自治，通过"创生项目选题会"等形式，不断激发居民、社区单位、第三方力量等的参与热情，逐渐从冷漠的旁观者变为参与者、设计者、建设者和管理者，形成"居委会组织引导、高校专业指导、居民参与主导"多元主体携手共建社区的良好局面。每一个人都是参与者、每一个人都是主人翁、每一个人都是行动者、每一个人都是受益者。

从第一季创生行动的"社区七十二变"，对主次干道变电箱进行了老弄堂风情彩绘，到上海市十大景观道路之一的苏家屯路，经过第二季改造，汇集了富有时代特征的墙面彩绘、蕴意生机和活力的生长座椅，再到创生行动第三季的作品之一——国内首个电话亭美术馆（通过对原本闲置的公用电话亭的改造，让广大居民在家门口就得以观赏到高校博物馆乃至民间非遗传承人的手工作品），此过程中都缺少不了社区电信、电力、市政设计院等驻区单位的积极参与和配合。

令我印象较深的还有"同济大学—麻省理工学院上海城市科学实验室"，它建在设计创意学院对面的阜新路 200 号，占地约 100 平方米，这里的前身是一间存在将近 20 年、屡被投诉的废品回收站，我们街道在开展前期工作过程中，通过区域化党建联盟平台，多次协调驻区有关部门，实验室的建立使得麻省理工的实验室第一次开到中国上海的社区当中。这个平台能够与社区居民、本地的创业者、学校形成互动的关系，互相学习和探索可持续的社区生活方式。

我记得在实验室正对面的阜新路上还有一个"80米口袋花园（Shanghai Playscape）"项目，在建造伊始便引入社区单位和同济大学党员师生参与，更有社区单位认领了绿化养护等任务，以期共同做好这一崭新"城市家具"的长效管理，该项目入选了意大利罗马国际公共空间双年展。

四靠街校联动，资源融合实现共赢发展。

"三区联动""三城融合"是区委、区政府始终坚持的区域发展理念。我们街道和同济大学依托各自优势，通过"四平空间创生行动"，在社区微更新、薄弱地区整治等多个方面开展街校合作，按照"业态升级—艺术嵌入—文化再造"的建设路径，用较小的成本、创新的机制，改造美化街区道路、绿化、墙壁、电话亭等公共设施。高校师生在城市家具的调研和改造过程中，了解了区情民意，使得大学为社区服务成为现实，更使得一批优秀作品固化为社区景观的一部分，改变了社区面貌，老工人新村焕发出新的活力。高校设计师与社区居民之间的思想碰撞，打造出了自然、开放、创想、交互的公共空间，既解决了同济大学创新载体不足的难题，又有效丰富了街道社区治理的方式手段，提升了社区业态层级和艺术氛围，丰富了社区人文内涵，充分达成了同济大学专业人才能力施展和街道社区治理需求的双赢。

四平社区成为上海城市空间艺术季主展区域之一

例如，位于铁岭路 115 号的四平空间，被戏称为"四平和同济的第一个孩子"。多年前还是馄饨店、宠物店和棋牌室的所在，如今已摇身一变成为"当代首饰与新文化中心"。我去调研过这个地方，当时的合作模式是"高校 + 博物馆 + 社区"三方在杨浦首次为提升公共文化品质的一次联合探索，更是"三区联动"模式的升级。

又如 2018 年"创响中国"活动中作为分会场的"NICE-2035 未来生活原型街"，也是街校双方在共同打造"大学的社区、社区的大学"过程中的又一成功案例。我们街道通过对重点薄弱环节的整治，将原本位于四平路 1028 弄两个小区物业管理真空带的一排沿街五金和建材店腾笼换鸟，一批以"设计"为主题、涵盖未来生活各个领域的创意实验室，陆续进驻这条老弄堂。这些实验室包括了未来生活中餐饮、娱乐、新材料、出行、办公、机器人、汽车等方方面面，它们组成了一个面向未来生活方式的"原型实验室"群，这就是"NICE-2035"的意思：通过一个原型街区，我们可以预见到 2035 年的创新、创业、创造社区。我们常说，生活本身是最有创造力的，在上海的弄堂和小区里，有很多创新的场景，"原型街"这个杨浦区首发的创新模式，是环同济知识经济圈的升级版，

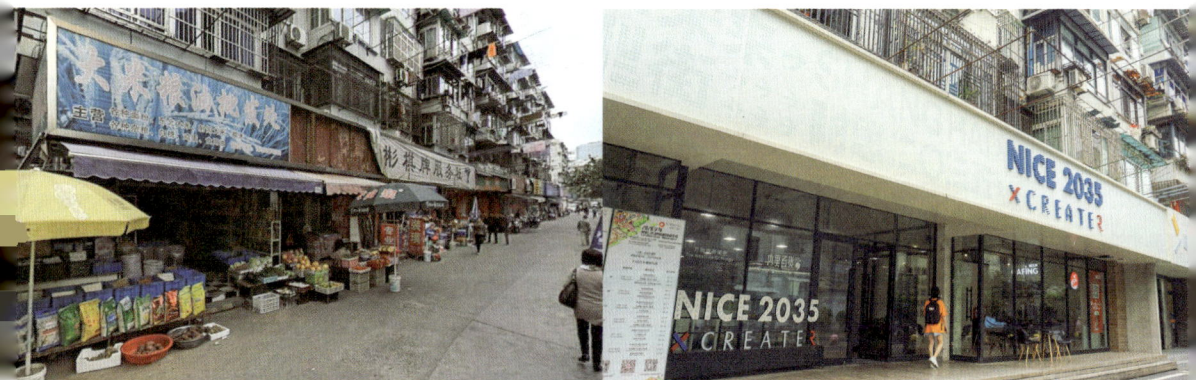

四平路 1028 弄"NICE-2035 未来生活原型街"改造前后对比

它把社区从创新链和产业链的末端变成了源头。

通过给老旧社区做针灸式的更新和改造，我们街道的小区、道路、楼道都焕然一新。走在四平街头，你会不经意地发现艺术和美带来的惊喜。经过几年的微更新、微改造和居民的参与，我们四平社区的环境在上海市市容环境公众满意度测评中连续 12 年 21 次被评为优秀，现在的四平让人感觉"老得很有味道，旧得很有魅力"。

从"一脉三园"
到"一脉三员"

虞 净

　　1975 年 8 月出生。2009 年进入江浦路街道五环居委会工作，现为五环居民区党总支书记、居委会主任，上海市第十二次党代会代表。曾获 2021 年上海市优秀党务工作者，2022 年全国优秀城乡社区工作者。在五环居委会工作15 年，全程参与并主持从"一脉三园"到"一脉三员"项目工作。

口述：虞　净

采访：薛亦锴　张雨曦

整理：薛亦锴　张雨曦

时间：2024 年 8 月 26 日

辽源西路 190 弄、铁路工房、打虎山路 1 弄是三个仅有一墙之隔的毗邻小区，总建筑面积 2.59 万平方米，共有 416 户居民。2017 年，我们五环居民区在街道支持下积极呼应居民诉求，结合"五违四必""里子工程"要求，针对三个小区探索开展"城市更新"工程，在该区域启动了"一脉三园"建设。在党建引领"三驾马车"同频共振下，历经七年不断探索实践，三个小区不仅打破了物理围墙，将三个小区合并成了一个小区——"辽源花苑"，还通过合并三个业委会、引入社会优质资源、组建楼组自治队伍，再次创造出了"一脉三员"新模式，实现了三个小区从物理空间到心理空间，再到治理空间的"三合一"的层层蜕变，让曾经的"管理洼地"成为真正有温度的"睦邻高地"。"一脉三园"项目曾被央广网、中国经济网、东方网、新民晚报等媒体采访报道，还获评上海美丽家园示范点。

一次居民投诉，开启社区治理新起点

我是 2009 年进入江浦路街道五环居委会工作的。大约在 2015 年，我们五环居民区下辖的一个老旧小区——辽源西路 190 弄，里面有一个面积非常大的仓库，平时用于金属焊接业务，由于仓库离居民住宅非常近，金属切割焊接的噪声给附近居民的日常生活造成了巨大影响，于是小区居民选择了向居委会投诉。当时我正担任五环居委会主任，知道这件事后我第一时间向街道汇报，街道非常重视，马上派人赶到现场核查——金属切割焊接噪声确实非常刺耳，居民投诉情况属实。本着为民办实事的原则，街道经过多方协调努力，最终成功将这处仓库租赁下来，改造成了如今的五星级睦邻中心——辽源西路睦邻中心。

建成后的辽源西路睦邻中心面积约 1240 平方米，包含了运动、娱

建成后的辽源西路睦邻中心

乐、休闲、学习、烘焙等多种功能，能满足社区居民的大部分休闲娱乐需求。该睦邻中心一经建成，就成为江浦路街道面积最大、功能最齐全的"家门口的好去处"。除了辽源西路190弄小区外，睦邻中心辐射的居民小区还包括我们五环居民区下辖的打虎山路1弄小区和铁路工房小区。虽然睦邻中心距离这两个小区的直线距离不足100米，但是，打虎山路1弄小区、铁路工房小区、辽源西路190弄小区是三个独立的小区，小区之间站着一堵高达5米的"打靶墙"，把三个小区的公共空间彻底割断了。打虎山路1弄小区和铁路工房小区的居民必须绕行10分钟左右才能到达睦邻中心，这对小区居民特别是老年人非常不友好，一时间，一堵围墙成为了"堵心墙"。

睦邻中心造好，居民却不能便捷使用，这怎么能行呢？这堵墙给三个小区带来的不仅是出行不便，还在小区内部形成了许多犄角旮旯。加上建成二三十年后，各小区物业费入不敷出、公共配套不足、管理资源不足、硬件设施老化等共性问题十分突出，导致小区违法搭建严重、非机动车棚和低矮围墙阻断道路，让本就稀缺的公共空间资源雪上加霜。生活在这样的居住环境中，几乎每天都有居民来投诉小区环境乱、管理差。最让我痛心的，还是听到小区里老人们时不时念叨着的"连晒太阳的地方都没有了"。看来，这围墙是必须得拆了。

一次破除围墙，展现一脉三园新图景

2017年，借着街道牵头的"五违四必"整治和"三区合一"美丽家园改造的机会，我们辽源西路190弄、打虎山路1弄、铁路工房三个小

项目改造前的小区外立墙面

项目改造后的小区外立墙面

区开展了"'一脉三园'聚民心"建设，准备通过拆除围墙将三个小区合并成一个小区，并开展立面修缮和空间重塑，一起解决一系列历史遗留的老大难问题。

说到打破围墙的想法，最初还是由最了解家门口的"一亩三分地"的居民们提出的：老小区空间虽小，但犄角旮旯很多，根源在于处在三个小区中心位置的5米高"打靶墙"隔断了公共空间。破墙，既能提高空间利用率，还能"抱团取暖"，实现共同改造。在杨浦"社区规划师"制度的助力下，街道帮我们引入社区规划师，同济城市规划设计研究院副总工程师陆勇峰提出了"打破围墙，整合公共资源；调整绿化，优化外部环境；房屋整修，美化楼道环境；统一管理，提升服务能力"的四大改造目标，设想了一条"健身康体脉"贯穿整个社区，把小区里社区休闲园、睦邻文化园和健康活力园的"三园"串联在一起，也就是"一脉三园"名称的内里由来。

　　然而真正实施起来，居民又发现社区改造动了他们的"奶酪"，反对之声最大的就来自条件相对优越的小区，部分居民担心围墙打开了会影响本身小区的环境和"身价"。再加上三个小区合为一体的工作，在全市范围内没有多少经验和案例可循，一开始的协调工作举步维艰。那段时间我和居委会的其他同事每天都在一遍遍研读方案，希望通过全面细化施工方案，把所有能考虑到的细节都增加进去，这样做居民工作的难度就会小很多。

　　还记得 2017 年 3 月 8 日那天下午，第一次意见征询会在睦邻中心最大的会议室举行，当天来了 100 多位居民，当社区规划师陆勇峰把"破墙合并"的方案提出来以后，居民炸开了锅，将他团团围住。"我家正对着广场，那不是很吵吗？""这样一拆，房价跌了怎么办……"更何况涉及户数多、改动范围大，让很多居民在第一时间无法理解和接受"破墙合并"的方案。

　　为了回应居民们的顾虑和疑问，我们专门制作了方案介绍的"折页"，又组建了一支由业委会成员、物业公司代表、党员、楼组长、志愿者等群体组成的自治团队，总结了包括打通生命通道、增加停车位、扩大活动空间等 13 条因改造带来的"好处"。自治团队带着"折页"挨家挨户上门跟阿姨爷叔当面解释方案和答疑，借此逐步消除了居民对于改造的顾虑。随着走访工作逐渐深入，破墙合并的方案渐渐得到了居民们的信任和支持，越来越多的居民开始主动参与到改造方案的讨论中来。一些原本持反对意见的居民甚至主动提出成为志愿者，加入协调推动改造，自治队伍不断壮大。起初难以想象的事，渐渐有了起色。

　　改造的第一步就要拆除违章建筑，把门封闭、让出通道的做法引发了许多一楼住户的反对。其中一对住在一楼的老夫妻因为老先生腿脚不便，特意买了一楼的房屋，还在底楼天井破墙开门，老先生的残疾车每天穿过绿化直接从这扇门进出，十分方便。当初在这里买房，就是看中这个可以停车、晒被的"天井"。当得知要"破墙封门"时，这对老夫妻反对非常激烈，差不多每天都要冲到我们居委会来"抗议"，在这三个小区里类似情况并不少见。为了"补偿"居民，我们最终讨论出了"封门开窗"的方案：门封闭以后，专门给一楼居民开扇窗，让阳光照进院子。街道、居委会的工作人员也到居民家里轮番做工作。后来，老夫妻两人考虑到小区整个改建，这扇门放着实在不好看，而且随着我们一轮轮上门做工作，解释方案实施效果，夫妻俩被我们带着满满诚意的方案打动，也成了社区志愿者，主动帮助协调改造过程中的邻里矛盾。

街道和设计团队走得很慢，坚持把群众工作做通了，才肯动一土一木。提出方案的一年后，该项目正式开始施工。2018 年 10 月，"一脉三园"硬件更新完成。之前暴露的管道、电线以及架空线路等实现了管网

项目改造前的停车位

项目改造后的停车位

入地；房屋外立面、雨棚实现了更新统一；居民楼内部的污水管、油烟管道及电表箱等也全部更新调整。通过科学优化空间布局，不仅居民最迫切需要的小区绿化、车棚以及小区健身设施等一一落地，改造还最大程度增加了停车位，缓解了停车难的问题，居民普遍对"一脉三园"建设交口称赞。我当时走在小区里，看着在小广场晒太阳的老人、坐在门口唠家常的居民、停放得整整齐齐的小轿车，心里除了开心还是开心。当时有居民来居委会办事，说起"一脉三园"改造，他说"你们真的是给居民办了件实实在在的大好事。"

一次打开"心门"，探索"三驾马车"新模式

三个小区完成合并后还缺一个名字，我们小区的自治团队发起了新家园名字征集令。没想到征集令一发出去，就收到了十几位居民的邮件，还有阿姨发来家里宝宝取的名字。最后，自治团队从中选了3个供所有业主和租户投票。"辽源花苑"这个名字就是这么来的，寓意着小区改造好以后，像花园一样美丽。如今这个名字刻在小区入口处，而这四个字则是由居住在小区里的民间书法高手亲笔书写的。

拆除围墙、三区合一并不意味着"一脉三园"建设的完成。在做完"拆墙"这道减法后，我们还在小区里做了很多"加法"。根据居民们在规划阶段的建议，在小区一进门空出来的一大块公共空间里，增添了纳凉亭、儿童乐园和中心广场等新"面孔"，孩子们在五彩的儿童活动场内玩滑梯，大人们在林荫下的座椅上休憩交谈。广场中央还有一个造型特别的雕塑，晚上会发出不同颜色亮光的三片不规则构件，纪念着

睦邻小花园内三园聚力雕塑

三个小区的"合体"。

　　"一脉三园"的合并还引发了居民们心与心之间的"加法"。来自三个小区的居民、自治团队和志愿者们一点都没有闲下来。有天上午刚上班，辽源花苑几个志愿者来到居委会找我，说小区虽然已经改造完了，但是能继续美化的地方还有很多，她们想一点一滴把小区建设成心目中的模样。那段时间走在辽源花苑的小径上，偶尔能看到几个年轻人和居民们盘腿坐在地面涂鸦，一个个窨井盖在他们手里变成了彩色的图画，常吸引居民们驻足围观。一开始极力反对的那对老夫妻，也成了社区志愿者，擅长木工的他们将小区废弃的木头、木条拿回家里，做成了公用的木栅栏和花盆架摆放在小区的角角落落，楼上的住户看见了，也把自家的花草搬到楼下来，"小花园"让小区的环境越变越美……一系列丰富

虞净向社区儿童介绍"窨井盖"睦邻画自治项目

多彩的环境美化和睦邻活动丰富了居民间的互动，融洽了邻里间的关系，三个小区的居民们逐步从心理上认同了辽源花苑这个全新的家园，敦亲睦邻、守望相助的氛围愈加浓厚，有效激发了居民的自治意识。

伴随着小区之间的围墙和居民之间"心墙"逐步打开，辽源花苑下一步要打开的，是社区治理上的"围墙"。在三合一之前，辽源西路190弄小区没有物业，打虎山路1弄小区的物业费与铁路工房小区的物业费相差近5倍，合在一起管理后，"费用如何收？社区如何管？谁来管？"都成为大难题。为了解决三合一后的管理难题，街道城建中心提出将原来的三个业委会合并成一个，并重新选聘一家物业公司进行管理。

在三个小区业委会无法正常运作的情况下，为了维持小区的物业管理，居民区党组织在三个小区中精选了楼组长、党员及志愿者，成立辽源花苑党群议事会，组织召开了20多场现场会。城建中心也与物业公司多次沟通协调，在取得物业公司理解和支持后，林厦物业率先提出"先管理、后调费"的方案。

为了正常履行"三驾马车"的基本职能，确保合并后的小区有序运行，辽源花苑党群议事会成员每月召开一次例会，邀请居委会、物业公司负责人一同参加，对小区内存在的管理方面的漏洞进行梳理，督促物业公司进行整改。试运行18个月后，林厦物业的管理服务最终得到居民的普遍认可，超80%的业主主动缴纳物业费，并支持上调物业费。

2020年6月，居民区党组织、居委会启动了曾一度搁置的辽源花苑业委会的合并和换届选举工作。对于小区业委会的候选人，我们2019年的时候就在居民中排摸物色。按照三个小区物权比例分布情况，对热衷于小区管理的党员、专业人士、志愿者优先推荐，通过各类会议、走访听取居民意见，确定业委会候选人七名。其中，五名为中共党员，一名为民主党派人士，一名为群众。候选人名单公示的时候，小区居民对七名业委会候选人的能力和人品都比较认可，反响较好。8月7日，辽源花苑召开第一届业主大会，三个小区顺利完成业委会合并，辽源花苑至此实现了从空间上的统一到管理上的统一。

因为五环居民区下辖6个住宅小区，日常需要沟通的问题、联系的物业公司和业委会非常多，我又是书记、主任"一肩挑"，物业相关的工作牵扯了我大量的精力。大概是在2022年底，我在别的居民区了解到物业"治理小联盟"这个新思路。居民区可以通过盘活社区资源、做强公共服务，组建"治理联盟"这个"帮手"，把业委会主任、居委会"块长"、物业经理全部"拉"进联盟，定期召开例会沟通物业治理相关工作。这种工作模式我一直保留到现在，因为这不仅能提升工作效率，也能让我有更多时间去处理其他事务，还无形之中让各个小区的物业和业委会形成了比学赶超的良好氛围，大家都想在定期例会上多多展示自己的工作成果。

一支"三员"队伍，谱写邻里故事新篇章

楼组治理一直以来都是我们江浦路街道的特色品牌，"一脉三园"建设完工后，我看到在整个过程中冒出来了那么多热心的楼组长、志愿者，心想这支队伍力量我肯定要牢牢抓住，但是要通过什么样的形式将他们聚集在一起？又应该给他们怎样一个身份？当我向街道职能部门提出我的想法后，马上就得到了大力支持，并且帮我厘清了工作思路。我们决定以"邻聚力"睦邻楼组品牌建设为抓手，推进从"一脉三园"到"一脉三员"项目——即将辽源花苑小区的 21 个楼组划分为 5 个特色块区，通过辽源西路睦邻中心"风筝计划"配送多元睦邻活动，持续挖掘、培育睦邻达人、自治达人，最终实现每一个楼栋配置三名专员（企划专员、安全专员、信息专员）的治理架构，将那些热心社区事务的居民纳入我们"三员"之中。

方向确定后，我们居民区党总支、居委会牵头召开了 4 次座谈会，发放调查问卷 90 余份，深入听取居民关于"一楼多员"项目方案的意见建议，经多次修改调整，方案明确了五个特色块区、三个楼组专员的具体类别，确定了楼组成片化打造的基本架构与实施安排。在楼组长的带领下，各楼组根据居民志愿服务参与程度、年龄、特长等要素，推选了志愿者骨干担任服务专员，明确主要内容和工作职责。最终我们队伍人数多达 63 人！

一楼三员和楼组公约上墙展示

为了让专员队伍尽快发挥作用，感受到自身对社区对左邻右舍的巨大能量，队伍成立后我们鼓励专员队伍结合所在楼组特色，联合邻里共同自创楼组公约，并优选部分公约上墙展示。居民自创的公约"由大家说了算"，符合居民需求、体现居民自治，更能够得到居民的真心接纳和自觉遵守，加之有了特色专员的主动督促与劝导，楼道环境更加整洁了，邻里关系更加和谐了。当时正逢创建全国文明城区，我想到可以利用这个好时机再办一次活动，赶紧带领居委会同事们组织了邻聚力·"换"乐共享活动，在企划专员的大力宣传和组织下，辽源花苑小区成功清理废旧非机动车 80 余辆，积极助力全国文明城区创建工作。

专员队伍是否想干事、会干事，是从"一脉三园"到"一脉三员"项目的建设基石。当我们"一脉三员"品牌再次打响后，我们组织楼道骨干开展各类增能活动。从参观学习万里街道凯旋华庭小区，到参与森林公园"动动更健康——社区运动打卡赛"活动，再到开展"争创'邻聚力'五零楼组"评选活动，在开拓居民楼组建设思路的同时，进一步凝聚社区建设力量，激活社区治理"新动力"。

　　2023 年 11 月 15 日，我们在辽源西路睦邻中心召开从"一脉三园"到"一脉三员"项目总结会。杨浦消防、巴士一公司等多家社会单位的代表与我们五环居民区签署合作共建协议，正式受聘成为五环居民区"一脉三员"中的安全员，这也标志着我们五环居民区"一脉三员"项目开始了崭新篇章。当时有媒体用这样的标题来报道我们的项目："上海这个老小区却依靠一场共治，让这个大胆构想变成了现实。"我觉得这是对我们社区治理工作最高的肯定。

　　"三合一"小区能成功，我认为秘诀之一就是从发起到实施，居民都在其中充当着重要的角色。这也把握住了社区治理的真谛——应当发挥社区中每一个人的能动性，因为他们才是对社区最为了解、最为关心和最长久陪伴的人。不论是"一脉三园"还是"一脉三员"，从始至终都充分体现了民意，居民通过有序协商，理性地发表真知灼见，在参与具体公共事务的民主实践中，不断激发民主协商的意识，提升民主协商的水平，共享民主协商的硕果。如今，宽敞美观的公共活动空间吸引了更多居民走出家门，群众活动团队有了更多的互动，居民们不出小区就能参加更多丰富多彩的社区活动，感受亲密邻里关系带来的愉悦，在活动中结识新朋友，增进邻里情。

居民原地搬新家：
武川路 222 弄老房 "重生"

陈 颖

1976 年 12 月出生，2004 年进入杨浦区房屋土地管理局工作，现为区住宅更新发展中心主任、杨浦区住房保障和房屋管理局城市更新科负责人，主要从事旧住房修缮、旧住房成套改造、既有多层住宅加装电梯、优秀历史保护建筑修缮等城市更新工作，全程参与武川路 222 弄城市更新试点项目。

口述：陈　颖

采访：邱婕文

整理：邱婕文

时间：2024 年 8 月 12 日

　　我是一名地地道道的"老杨浦"，在杨浦出生、求学、工作、成家，可以说杨浦的大街小巷，旧貌新颜都在我脑海里深深镌刻着。2004 年我进入杨浦区房管部门工作，2005 年起，我和同事承担起了老旧房屋成套改造任务。

　　作为老工业城区，杨浦原有不成套职工住宅约 115 万平方米，大多

武川路 222 弄小区改造前全貌

房屋结构老化、厨卫共用、设施严重落后，群众改善居住条件的愿望极其迫切。自 20 世纪 90 年代以来，区里陆续通过成套改造、拆除重建等多种方式，因地制宜、分类施策推进各类老旧住房改造，完成改造 102 万平方米，受益居民 3.4 万户，形成了鞍山四村、佳木斯路 163 弄、武川路 222 弄等一批亮点项目，提升了杨浦人居环境。其中，最让我记忆犹新的是 2018 年启动、2020 年竣工的武川路 222 弄 7 幢旧住房拆除重建项目，不仅是我区探索区校合作，简化审批流程、缩短审批时间的成果，也是按照《上海市应急抢险救灾工作管理办法》探索对抢险项目"治未病"型的改造案例，成为"留、改、拆"城市更新理念的实践典型。

老邻居家难念的经

武川路 222 弄位于五角场街道武川路，北邻政立路，南邻武东路，始建于 20 世纪五六十年代，为砖木结构房屋。2017 年，我和同事一起到这个小区，看到这里白色的两层楼房外墙上如蛛网般爬满了电线，楼栋间距非常小。走进楼里，木板铺设的地面和楼梯吱呀作响。由于不成套，每户居民的室内空间都很小，家里堆不下的东西就往外放，狭窄的过道里堆满了脸盆、自行车、旧书报、纸皮箱这些杂七杂八的生活物品。

一谈到生活条件的艰苦，老居民马上就有一肚子苦水要倒，他们对我说，"这里房子地势低洼，容易积水，三十多年了，每年都要在雨水中浸泡半个月以上，地板格栅都烂了。随后就是白蚁满天飞，地板、楼梯、门窗、梁柱都被蛀空"。独立卫生间、独立厨房、阳台，这些普通人家的基本配置，对于这里的居民来说，却是可望而不可求：这里原房屋

改造前楼房外立面

更新后楼房外立面

户型是一层楼 16 户，共用一个公共卫生间，"早上晚上上厕所永远都要排队，最多的时候我试过 27 口人轮流排队坐马桶"。洗澡房是用楼梯间改造的，"每天晚上，6 户人家等着洗澡，排队都要排到深夜 12 点"。而且没有厨房，家家在门口私搭灶台，每到傍晚，狭窄的过道里都是呛人的味道。我印象很深，居民自嘲说："炒菜的时候，墙上脱落的石灰就掉进菜里，这是我们特有的'下饭菜'。"

　　每天过着这样生活的居民有 153 户。种种困扰让他们对改造的愿望极其迫切。

应急抢险，刷新最快纪录

　　武川路 222 弄共有 14 幢房屋，其中 7 幢为成套售后公房，而另外 7 幢是不成套房。多年来，房子产权人从上海建材学院到同济大学再到上海财经大学，虽几经易手，但不成套和厨卫合用的状况一直没有改善。大家做梦都盼着旧改，不断有居民代表跑到财大、区信访办、区住房保障房屋管理局、属地街道去请求改善环境。

有居民曾经问我，为什么等不来旧改？我解释说，这不成套的7幢房屋虽然是厨卫合用，但因为仍具备厨卫设施，房屋类型为职工住宅，而不是旧式里弄，因此不在旧改范围内。而且有3幢房屋位于道路红线，按规划要求，位于道路红线的房屋不可以进行改扩建。这里正好处于几种条件的"真空地带"。

2016年5月，轨交18号线工程土建工程正式启动，当时预计将于2018年6月正面穿越沿武川路3幢房屋，得知这一消息后我内心非常焦急，因为一旦地铁盾构开始施工，对房屋结构安全会造成很大影响，房屋改造就再也不能实施了。此时，居民要求改造的呼声也愈发强烈。

窗口期稍纵即逝，区里立即成立工作组，我也加入其中，由分管区领导担任组长，区住房保障房屋管理局、区规划资源局、五角场街道主要负责同志担任常务副组长，召集各相关职能部门、上海财经大学、申通公司、检测单位、设计单位等研究制定方案。经区委、区政府决策，决定按照《上海市应急抢险救灾工作管理办法》实施相关房屋应急抢险工程，计划在地铁沿线的计划施工时间节点前实施完毕改造项目。我们工作组于2018年1月3日启动居民征询工作，居民代表协助我们挨家挨户上门做工作，解释工程的紧迫性，到1月21日，仅用了19天便完成全部153户居民的选房签约工作，刷新了我区成套改造的最快纪录。2月1日起居民陆续腾房搬家，2月28日全部腾空。

区里各相关职能部门也都非常给力，在这个项目上给予大力支持。比如，规划部门在方案制定期间就提前介入，大大缩短了审批时间，自

改造前楼道

更新后楼道

2018年1月报送规划审批，2018年4月13日项目即取得了建设工程规划许可证，一般旧住房成套改造规划审批约需6个月。此外，项目建设审批程序在取得建设工程规划许可证后办理，为了加快审批速度，建管部门提前介入，在办理规划审批的同时并联审批；一般政府投资项目公开招投标约需3个月，该项目按照《上海市应急抢险救灾工程管理办法》，简化了招投标程序，通过比选确定了一家富有经验的国有施工企业。通过多方努力，项目于2018年4月24日正式取得了施工许可证。

随后，施工队进入小区，首先对地铁盾构计划路线正上方的房屋进行拆除，赶在地铁盾构施工前完成上部房屋结构封顶。

区校协作，共绘同心圆

长期以来，系统公房改造存在诸多难点，改造主体无开发资质、资金来源缺乏等问题让改造流程面临诸多瓶颈与难题，厘清实施路径成为项目推进的关键一步。杨浦高校众多，区里一直秉持着"三区联动"和"三城融合"的理念，积极为在地高校院所当好"后勤部长"。心往一处想，劲就能往一处使，区政府与财大快速达成一致，妥善解决了改造资金难题。最终项目投资由市、区补贴2/3，上海财经大学出资1/3，增量房屋产权归学校，供属地五角场街道作为公建配套使用。

看着仅用了19天，其实背后我们房管部门、属地街道与上海财经大学的一线群众工作组合力做了数不清的精细活。面对思想多元、身份多元的居民群体，我们工作组逐栋、逐层、逐户对居民全面摸底，并搭建了平等对话平台，畅通诉求渠道。针对居民反映的诉求，我们工作组召开各类协调会10次，区住房保障房屋管理局、区规划资源局、五角场街道等单位负责人、有关专家与居民开展面对面对话座谈10余次，确保全覆盖、无遗漏，打通政策宣讲最后100米，逐步打消居民顾虑。我们工作组还积极听取老百姓的意见，他们对方案的好建议我们一一采纳，最终这些居民从不认可方案、要求动迁，到化身"编外工作者"，主动与我们一同上门做工作，真正是人人参与、人人共享。

我印象比较深的是，根据规划条件及房屋原始情况，我们的设计方案是新建3幢三层、2幢七层的住宅楼，而按照住宅建设规范，我们为七层住宅楼加设了电梯。因为项目居民均为公房承租户，相关面积认定均为使用面积。而我们成套改造的标准是，安置房屋居室使用面积不低于原租用公房凭证记载的居室使用面积，并配置独立的厨房、卫生间。那么按照原安置方案，同样户型无论分布在三层住宅还是七层住宅，使用面积一致。在某次座谈会上，有居民提出："我们希望成套改造的目的虽然主要是解决厨卫合用、改善生活，但最终还是希望成套后购买售后公房。如果我抽到的安置房屋在三层的楼，而我邻居抽到七层的楼，他因为有电梯间，有公摊，最终的建筑面积比我大了。"我们工作组都认为有道理，并予以采纳。最终我们根据折算后的建筑面积差额，为三层楼的户型居住面积增加了 1.5 到 2 平方米。

修改的还有选房方案。原本居民普遍认为这类二层的老房屋中二楼的房间，无论从采光还是防潮角度看，都比一楼的房间条件好，因此原本计划二楼优先选房。为团结起一楼的居民，让项目尽快生效，二楼居民同意了"打统仗"，统一凭手气选房。而如果一户居民有两套房，则可以以靠前的号为准，一次选 2 套，提升了选到相邻房间的可能性。

我们工作组还协同解决居民各类诉求，稳定居民情绪。我记得在项目推进过程中，有周边居民担心施工会对自身房屋产生影响并提出施工扰民等问题，区住房保障房屋管理局会同五角场街道聘请第三方房屋检测机构，在居民投票认可的情况下开展房屋检测。针对施工扰民问题，五角场街道要求施工单位严格执行施工时间，同时财大打开校区侧门，让施工车辆通过学校武川路校门进出施工区域，从而绕开居民生活区，最大程度减少了施工期间的居民矛盾。

我们工作组每个人都知道，在老小区里拆除重建犹如在螺蛳壳里做道场，施工和设计的难度很大。而本次项目的改造范围属于小区中的部分房屋，涉改房屋和不改造的房屋穿插在一起，最近的地方仅有 10 米距离，更是难上加难。在方案设计与施工过程中，财大给予了诸多帮助。我记得其中有一座紧挨着财大校园的七层新房，按照层高和间距的比例要求，房屋边缘正好在财大围墙红线内。为了保证房屋间距，让底层居民有充足的日照，我们与财大协商，学校"让"出了一堵围墙的距离，最终完成了建设。

重返新家园，迎接新生活

2018 年，武川路 222 弄的 153 户居民一起搬离小区。我听小区物业公司讲，他们聘请了热心居民朱先生来当物业管理员，朱先生一家三口在江湾镇租了一间小公寓，房租为每月 4200 元，而政府提供的过渡费补贴为 4500 元，交房租后还有剩余。他每天都来小区上班，看着新房子从竖起围挡、推倒到重建的点点变化，不止自己心里充满期待，他还当起了小区的幸福直播员，跟邻居们分享新房子的建设进展。

2020 年 4 月，新房竣工，6 月 28 日，居民重返家园正式入住，迎来梦寐以求的新生活。原小区内 3 幢三层、2 幢七层粉紫和粉黄相间的崭新房屋拔地而起，新房型在原有基础上增加了独立的厨房、卫生间和阳台，平均增量面积为 10—15 平方米。房屋室内光线充足，站在阳台上，小区绿化和隔壁上海财经大学的校园景色尽收眼底。158 套成套独用一室户住宅中，还包含 5 套房屋作为未来的居委会和睦邻中心。交房当天，律师团队和我们工作组团队现场办公，为居民提供"全程陪同验收"服务，居民感受到满满的幸福感。虽然新房子交付的时候是毛坯房，但我在陪同居民入户的时候，居民告诉我说他们早已经找好家装公司设计好了，"我们准备把两个房子打通，从一室户变两室一厅。这个大房间么，留给我儿子，我和老婆住这个小房间"。另外，原来的房子是公房，不能进行交易，如今成套了，办理完入户后，可按照成套改造后公有住房出售政策办理手续，取得产权证，房子就可以自行出售了。"我们这边地段好，我们买下产证以后卖掉，郊区也好买个大房子住住。"我听着他们幸福地规划着对未来新生活的畅想，一阵暖意涌上心头，深深感到自己工作的价值与意义。

美丽家园完成后小区样貌

7幢不成套的房屋完成了蝶变升级，其余7幢成套房屋也不能落下。2023年，区房管部门还对未改造的房屋进行了"美丽家园"改造，对房屋屋面进行平改坡改造并新铺设防水层，同时对外墙进行修补与翻新，有效改善屋顶渗漏水、外墙污损，老房颜值也有所提升。同时，我们还对整小区进行了雨污分流改造，对绿化进行梳理与补种，重新规划了小区内交通动线及停车位，不仅提升了韧性安全水平，还让整个小区的居住环境都得以焕新升级，这种"成套改造＋美丽家园"的可持续更新模式，也为后续区内其他非成片改造的项目树立了典型示范。

加快推进城市更新，是城市建设进入"做优增量、盘活存量、提升质量"的城区转型发展新阶段的必然选择。2022年，杨浦区旧住房成套改造指挥部成立以来，我与成套办同事们一起加压奋进、攻坚突破，在武川路 222 弄拆除重建项目的成功经验指引下，已连续交出邯郸路 500 弄及 524 弄小区、凤南一村、控江路 501—515 号（单号）、凤城三村 130 号甲乙丙丁 4 个项目 100% 签约、100% 搬迁的答卷，累计完成 8.3 万平方米改造任务，受益居民为 2793 户，接连创下城市更新条例生效后全市最大规模、最快速度实现一轮征询、二轮签约双一百（凤南），首个签约首日即完成 100% 签约（大板房），首个三日即完成征询、签约、搬迁三个 100%（甲乙丙丁）等纪录，率先形成近期远期统筹、社区校区联动、生活圈商业圈聚合的可持续更新样本，并首创"原址回搬＋异地置换＋货币补偿"多元安置改造模式，杨浦城区环境全面升级，创新热度和民生温度在杨浦同步彰显。

回望这一个个满分答卷，我为我从事的这份工作深感自豪。我和同事们会继续秉持"控成本、提品质、可持续"的工作理念，按照"应改尽改，能改快改"的工作原则，努力让人民群众住上更好的房子，打造与杨浦人民城市样板间相匹配的安居宜居新面貌。

践行人民城市理念
全面完成二级以下旧里改造

周国强

1971 年 11 月出生。2007 年进入区房地产
管理局拆迁管理科工作，现为区旧改办综合部部
长。一直以来主要从事房屋征迁行政管理相关工
作，参与并见证了杨浦区国有土地上房屋征收工
作的启动以及全面完成二级以下旧里改造工作。

口述：周国强

采访：赵莉颖

整理：赵莉颖

时间：2024 年 8 月 8 日

我从 2007 年开始从事旧改工作，对杨浦旧改的整体概况比较熟悉。也是恰逢其时，我有幸见证了杨浦旧改征收持续加速推进，创造一连串历史纪录并连续打破纪录的历程。

2021 年 6 月 25 日，定海 144、147 街坊居民在签约比例牌前拍照留念（杨浦第三房屋征收服务事务所有限公司提供）

"十三五"期间，杨浦旧改迎来了持续的旧改"大年"。2019年初，当时杨浦还剩余二级以下旧里房屋面积约75.98万平方米，涉及街坊38个、居民约3.6733万户，总量约占全市的三分之一。为解决这道时代课题，区委、区政府认真践行人民城市理念，持续推进旧改"提速"。自2019年起，连续三年完成征收户数超过1万户。2021年底，杨浦全面完成了成片二级以下旧里改造目标。2022年，完成了剩余零星二级以下旧里房屋的改造，在全市中心城区率先完成了二级以下旧里改造任务。2023年，启动旧改收尾攻坚，全年收尾15个基地。五年间，共拆除旧住房90.69万平方米，收尾43个基地，受益居民3.92万户。如此亮眼成绩的背后，凝结着许许多多像我一样平凡的亲历者挥洒青春和奋斗的集体记忆，也闪现着杨浦旧改人善于不断总结、创新和实践的智慧。

组团打包，提升旧改速度

在我印象里，以往的旧改项目一般都是整街坊或是某一街坊局部的旧改，或者就是相邻街坊旧改组成一个旧改项目，也方便做居民签约工作。然而，随着旧改工作的不断深入，近年来我们面临的是区域内成片旧里不少，零星旧里又在不同区域零散分布，而尚未旧改居民改善居住条件的愿望又非常迫切的状况。

如何回应居民改善居住条件的呼声？加快旧改速度，必须拿出切实可行的办法。于是就有了将滨江区域成片旧里结合周边零星地块整体实施，滨江区域外成片旧里结合周边收储地块整体推进，通过"组团开发""跨区域打包"模式，将零星旧里合并、同步启动。因为单一项目无

2021年6月26日，定海"七拼盘"旧改地块签约生效（杨浦第二房屋征收服务事务所有限公司提供）

论其体量大小，其前期准备阶段、签约阶段等这些过程都不能省，规定程序不能少，而法定时限也少不了，通过"合并、组团、打包"这样的操作模式则大大缩短了零星地块旧区改造的时间。我记得组团开发最多的一个地块达到"七拼盘"同步启动签约，同时实现了高比例签约协议生效。2022年又探索突破区域的限制，跨街道整体实施旧改，将分散的11个零星地块（涉及6个街道）合并为3个项目同步开展，有效推动了零星旧改地块项目启动和签约。

优化机制，增强工作实效

提到旧改，我相信大家都听过"天下第一难"这句话，既然面对这样的"难"，那就不能单打独斗。我一直记得时任区领导在旧改基地现场办公会上强调的，旧改工作要强化跨部门联动机制，争取更大的支持，形成最大工作合力。因此，我们积极争取市级部门对零星地块范围认定、规划调整、跨区域多地块合并项目征收决定的核发等工作给予充分政策支持，在市旧改办的指导下更加科学精准地完善征收补偿方案。同时，充分发挥区旧改指挥部、街道分指挥部、征收事务所"三位一体"作用，各专项工作组和成员单位根据职能全力配合，形成推进旧改的强大合力。2021 年、2022 年成片及零星旧改项目首日签约均实现高比例生效，特别是 2021 年有 13 个基地首日签约率达到 98% 以上。

再说说"阳光征收"，这是我们杨浦旧改的一个标签，也是一张名片。早在"十一五"时期，杨浦就在全市率先实行旧改"六公开"政策，将房屋评估单价、人口与住房面积、动迁房源、特困对象照顾名单、动迁居民签约情况、速迁户奖励条件"一股脑"全部公开在白纸黑字上。这个政策在全市一炮打响，在别人还未公开的时候，我们杨浦就全都公开了，直到现在我都佩服当时领导下的这个决心，真正做到了取信于民，老百姓看了都服气的。

后来，"六公开"又发展成"十公开"，将拆迁补偿方案、评估单位及负责人情况、评估鉴定机构情况、拆迁公司及负责人情况、市场评估单价、安置房源情况、安置房源使用情况、被拆迁特殊困难户认定条件、补偿标准、签约进展情况进行公开。2009 年，我们率先在全市重点旧改地块（平凉西块）全面推行动迁安置结果全公开。2010 年，居民通过阳光动迁信息管理系统可以直接查询、了解和掌握基地居民所有的安置信息，做到了旧改过程和结果全公开。

探索创新，突破诸个瓶颈

这一路走来，我感到每一次旧改都是一次探索，从全过程管理工作法，到引入开发商、银行与政府三方合作，再到首创"三个100%"模式……杨浦在上海城市更新和旧区改造中积累了独特经验。我印象比较深的是两个难题的解决：

一个是毛地问题，这是一直困扰旧改有序推进的"拦路虎"，既有其历史成因，各毛地又有其不同之处，而完成旧改目标任务，毛地问题是回避不了的。我们"摸着石头过河"，想尽办法解决，针对毛地的个体差异，按照"一地一策"推进毛地问题解决。通过区政府与开发单位、牵头银行签订旧区改造项目三方合作协议的创新模式，依靠企业自有资金和银行贷款筹措项目资金，确保征收补偿费用的足额按期提供，并按照土地出让合同进行开发建设，让停滞多年的杨浦最大毛地项目129、130街坊重新激活并取得实质性成果。"二次征询"正式签约首日，共有2622

129、130 街坊旧改前全貌

129、130街坊更新后效果图（合生公司提供）

产居民签约，签约率达到 98.65%，未来这里将成为一处百万平方米建设规模的城市综合体。

另一个是小基地的旧改征收。比如定海 154 街坊 D 块，是一个仅有 47 户居民的小基地。在旧改以前，居民进出极为不便，居住环境恶劣，居民旧改愿望强烈。但旧区改造是按照区域的财力和旧改计划来实施的，这个地块面积小、户数少，当时并未列入计划当中，考虑到居民旧改意愿强烈且一致同意旧改，在依法合规的前提下，该地块居民通过"三个 100%"整体协商的方式实施动迁，从启动签约到全部搬迁完毕仅用了 57 天。

这里我解释一句，按照常规的旧改，居民意愿征询同意率达到 90% 以上，签约率达到 85% 以上，地块的动迁就可生效。"三个 100%"模式则要求居民意愿征询同意率达到 100%、居民签约率达到 100%、居民搬迁交房率达到 100%。这个杨浦首创的模式，既回应了居民的呼声，后期地块动迁也不留"尾巴"，避免了"钉子户"不肯签约的后遗症。可这一创新的旧改模式，因为大大提高了工作难度，需要全体人员背水一战敢担当的勇气，也需要干部群众齐心协力去克难。

加快收尾，实现地块盘活利用

近年来，随着成片以及零星二级以下旧里的项目完成签约生效工作，后续未能完成基地收尾工作的项目也逐渐增多。未能收尾腾地，旧改地块也就不能形成净地进一步盘活利用，涉及地块的城区面貌也就谈不上进一步改变和更新，由此我的工作重心也逐步转向收尾方向。在全面梳理存量基地现状的基础上，凝聚旧改征收各方力量，2023年聚焦旧改存量基地收尾攻坚，我积极参与《杨浦区旧改征收收尾攻坚实施方案》的制定，该方案也更加明确了收尾攻坚工作目标和工作要求。在2023年旧改收尾攻坚大会上，区委书记提出"必须拧紧发条、加快攻坚，以旧区改造的腾笼换鸟促进城市能级的凤凰涅槃"，我深以为然。

区里建立了收尾攻坚专项工作专班，针对收尾攻坚中的难点、堵点问题，成立统筹推进工作组、队伍保障工作组、司法协调工作组、资金保障工作组、专项议事工作组和街道工作组6个专项工作组，由工作组成员单位分管领导及联络员组成工作专班，各工作组按照各自职责，协作配合，形成推进收尾攻坚的强大合力。作为区旧改办综合部负责人，我见证了旧改工作进入收尾攻坚阶段。两年来，高频次组织召开旧改工作协调会，区领导每双周组织相关部门召开专题研究会，推进各基地疑难问题的协商会诊，通报整体收尾进度，确保了收尾攻坚各专项工作有效落实。2023—2024 年完成了 20 个基地的收尾，其中居民户收尾 160 产，遗留问题处置 141 处，杨浦旧改为滨江板块整体成片收储和综合开发建设作出了积极贡献。

让我印象最深的是，2023 年在初步排摸各基地情况时，123、124 街坊被认为是一个老大难，由于停滞时间长、剩余户数最多，要加快整体收尾进度必须想办法做好该基地居民工作，重点推进 123、124 街坊收尾。在区旧改办领导的带领下，我们会同相关单位专题研究，从工作班子落地、办公场地落实、宣传氛围营造、摸底调查展开等方面重新启动基地推进工作，在逐户分析梳理排摸的基础上，制定"一户一方案"，加快基地收尾进程，到 2024 年 6 月实现了基地居民户的全部收尾。

从事旧改工作十八年来，我见证了杨浦旧改从拆迁改为征收，见证了杨浦第一个旧改征收项目启动到签约生效，见证了杨浦全面完成二级

2021 年 6 月 25 日，大桥街道 94、124、125 街坊居民为基地签约生效敲锣打鼓
（杨浦第一房屋征收服务事务所有限公司提供）

以下旧里房屋更新改造任务。在欣喜和感慨之余，我也深知成绩已成为过去，旧改是最大的民生，也是未来最大的发展，这需要我们持之以恒加倍努力。

破茧成蝶　共绘新梦

——老旧社区变身商圈旁的璀璨明珠

张争科

　　1975 年 11 月出生，2019 年进入五角场街道四平一居委工作，2022 年 5 月调至东郸居民区工作，现为东郸居民区党支部书记，全程参与了东郸居民区拆除重建工作。

口述: 张争科

采访: 黄晓怡

整理: 王 蕾

时间: 2024 年 8 月 16 日

东郸小区地处上海城市副中心五角场, 抬头就能望见流光溢彩的商圈巨蛋和写字楼, 紧邻复旦大学, 离地铁站步行也只要 5 分钟, 地理位置优越。然而, 与周边环境形成鲜明对比的是小区内艰苦脏乱的环境——8 幢五层砖混结构老公房仍是煤卫合用, 两三户人家合用一

更新前的东郸小区

间厨房，每层还有倒便间，且楼道狭窄、外墙破旧。小区居住密度很高，住了超过1000名居民，最多的一层楼有10户人家，最小的房型只有9平方米，最大的不超过30平方米，还没有绿化和停车位等公共设施。居民们不得不面对厨卫合用的不便、配套设施的落后，以及整体居住环境的恶劣等多种现实难题。这些因素使得居民们对小区改造的意愿变得极为强烈，他们迫切希望改善自己的居住条件，提升生活质量。

2019年5月，东郸小区开始实施"贴扩建"项目。然而，由于年底突发的新冠疫情，施工进程受到了极大的影响，进度缓慢。为了彻底消除安全隐患、改善居民住房条件，区委、区政府决定对该项目进行拆除重建。

我是在2022年5月初，因为疫情防控的需要，被临时借调到东郸小区主持居委工作的。由于小区的厨房和卫生间是共用的，而且"贴扩建"项目的施工尚未完成，当我第一次踏入这个小区时，感觉就像是进入了一个正在施工的工地，环境非常糟糕。

在基本完成"贴扩建"项目的邯郸路500弄的3号楼和4号楼从外观上看发生了变化，但当我走进楼道时，第一感觉就是楼道里非常昏暗，光线不足，给人一种非常压抑的感觉。为了弥补光线不足的问题，24小时都需要开着楼道灯，否则楼道里会显得更加昏暗。由于每户人家的卫生间都建在房间对面，中间还隔着一条走廊，北面的光线完全被卫生间遮挡。此外，整栋楼的层高并不高，而且没有设置排烟通道，这使得一家人烧菜时产生的油烟味会弥漫到整栋楼，整个楼道里都充满了烟雾，十分呛鼻。

在邯郸路524弄的5号到7号、9号到12号以及500弄的2号和5

邯郸路 500 弄 5 号楼前的大坑

号楼栋改建期间，因原来的"贴扩建"改造需要先把卫生间拆除，这就导致原本就卫生间合用的居民生活更加不便，大家只能使用临时简易厕所，使用感极差就不说了，还有很大的安全隐患，尤其是 500 弄 5 号楼前，原本的施工场地留下了一个大坑，居民们只能通过临时搭建的竹排通道来往通行，稍不留意可能就会掉下去。直到疫情结束，这个坑才得以填上。

痛定思痛的征询阶段

2022 年上半年，东郸小区仍然处于"贴扩建"项目的推进阶段。为了更好地满足居民的需求和改善居住环境，区领导前往现场进行勘察，经过仔细地研究和讨论，最终决定将东郸小区的"贴扩建"项目改为拆除重建。这一决定使得东郸小区成为杨浦区第一个实施拆除重建项目的小区以及上海市体量第三的拆除重建项目。

2022 年 10 月起，拆除重建第一轮意见征询开始了。在这项任务中，我主要负责与居民进行深入的沟通和交流，包括了解每一户居民的具体想法和需求，积极解决和协调他们在搬迁过程中遇到的各种困难和问题。我的目标是确保所有居民都能够顺利签约，支持这项重建工程。但因为当时没有经验可供参考，我们在第一轮征询中将重建方案的初稿告知给了全体居民，很多居民误认为这就是最终的方案了，产生了很多反对意见。

我们根据第一轮征询中呼声较高的居民建议，比如说电梯数量少、阳台需封窗等多类问题，与街道、卫百辛集团、区住房保障房屋管理局等多家单位召开了多次讨论会，在现实条件允许的情况下，对重建方案进行不断完善。最终的方案获得了绝大部分居民的认可。

为了顺利推进即将开始的签约工作，五角场街道在2023年6月作出了采取专班牵头的形式，由各处级干部亲自带队，分块开展工作的决定。同时，街道办公机构也全部下沉一线，移至东郸居委内，以便更贴近东郸小区拆除重建项目的现场。通过现场办公，街道工作人员能够更加便捷地与居民沟通，及时了解居民的需求和意见，从而更好地协调解决实际问题。这一系列举措让我充分感受到了街道的决心和行动力。

迎难而上的签约阶段

真正的签约阶段在2023年7月25日正式开始了。由于之前有"贴扩建"的计划，后来又改为拆除重建，这使得东郸小区在签约率上的要求变得相当复杂。具体来说，500弄2号、3号、4号楼这三幢楼的签约率必须达到100%，而整个小区的签约率也要达到98%。这样的要求无疑大大增加了签约工作的难度。我初步调查了一下，发现那些签约比较困难的几户人家都分布在这些100%楼栋内。因此，要想让整个项目正式生效，我们必须确保整体的签约率都达到100%。这是当时压在我心头最重的一块石头，说实话，心里真的没底。

在签约工作正式开始后，五角场街道负责居民工作，而杨浦第一征收所则负责具体的签约工作。在前期，我已经组织了居委干部开始数据收集工作，同时也对居民的签约意向进行了排摸。有一次开会，街道指挥部领导说这是一场"战争"，我受到了一定的启发，意识到在"战争"中最需要的就是情报。因此，我决心为大家提供准确的信息，分析每一户的意向。我相信，只有在前期掌握了足够的情报，后期的工作才能少走弯路。

为了更好地了解居民的情况，我带领居委的所有工作人员开启了"上门陪聊"模式，通过这种方式尽可能地了解居民的情况，并顺便向他们宣传相关政策。回到办公室后，我们根据了解的情况，对户数进行分类，并制作表格。在备注栏中，详细记录每户的需求和想法。在签约过程中，我们居委会全体工作人员随时配合各包保小组的工作，对于不清楚的地方进行详细分析，并在需要时陪同一起上门做工作。

在项目的初期阶段，大家都是满怀信心地投入工作，期待着能够顺

包保小组正在讨论签约进展

利推进。然而，随着时间的推移，很快就迎来了项目的瓶颈期。当签约率达到大约 80% 的时候，项目的推进速度明显变得缓慢起来。面对这种情况，各个包保小组并没有放弃，而是通过每日的专班会议进行过堂和任务布置，同时在主要领导的指示下继续努力推进工作。尽管如此，已经签约的居民们也开始感到担忧，他们害怕这次项目会因为一些困难而无法成功。每当见到我，他们总是焦急地询问："书记，这次项目不会失败吧？怎么还有这么多户人家不肯签约？我们已经盼了几十年，好不容易等来了这次机会，如果因为几户人家不肯签约而错过了，以后可能再也没有这样的机会了，这实在是太遗憾了！"

面对居民们的担忧和疑问，我始终保持着坚定的信念，坚信这次项目一定能够成功。我不断地向大家传递信心，告诉他们不要过于焦虑，我们会尽最大的努力去完成这项工作，最终一定能够取得成功。与此同时，我还积极配合各个包保小组，亲自上门去做居民的工作，帮助他们分析问题，寻找解决方案。

张争科见证居民在小区旁边的万达广场完成签约

签约阶段，我记得有这样一个比较典型的案例。有一位丁姓居民，他原来的房屋一直处于出租状态，重新装修后还未来得及租出去，拆除重建的签约便开始启动了。通过前期的信息收集和人物分析，我们决定把他作为重点对象进行攻坚。他曾经历过多次拆迁，并且每次到最后都达成了自己额外的要求。面对这样一位经验丰富的"钉子户"，我觉得需要采取不同的工作方法和策略来做他的思想工作。我一直在想，他过去面对的都是拆迁的工作组，主要是通过反复的谈判来争取利益最大化。但是拆除重建是以"不解困"为原则的，每家每户都一样，不可能因为晚签约而得到更大的利益。我们工作组和他也谈了好几次，他一直反复强调不满足他的要求是肯定不会签约的，到后面索性也不和我们谈了，怎么样才能做通他的思想工作呢？我想正面做他本人的工作不行，能不能试试从他儿子入手呢？工作人员随后和他儿子也联系了好几次，也总是得到敷衍和打马虎眼。思考了很久，我突然想到了一个点，他要面对的不应该是我们的工作人员，而应该是东郸小区渴望改善居住环境的那些居民们。应该请他到小区里来听听这些曾经的老邻居们的想法和感受，让他感觉下这个氛围，让居民们来做他的工作。最终通过我们和居民们的一起努力，这位居民终于同意签约了。他签约以后，看到现场所有人都很开心，自己也会心地笑了。这件事告诉我们，要不断尝试不同的方法，不能只想而不做，只有去做了才能找到真正的解决方法。

为民解忧的交房阶段

2023年10月7日，东郸拆除重建项目进入了交房搬家阶段。在拆除重建期间，居民需要临时搬离，寻找合适的临时住所可能会成为一项挑战，尤其是对于经济条件有限的居民。

东郸小区居民众多，且老人和困难群体比例较高，搬家过程中需要协调的时间、人力和物力资源较多，并且由于小区建造年代久远，既没有电梯，楼道又十分狭窄，大大增加了搬家的难度和复杂性。

在搬家过程中，与居民保持良好的沟通，能确保信息的准确传递，避免误解和冲突。我印象较深的是 68 岁的夏阿姨一家。当时，她的丈夫王师傅因为突发脑梗塞被紧急送往医院，夏阿姨日夜不离地在医院照顾着她的老伴，没有时间去整理房间和搬家。她感到非常着急，于是拨通了我的电话："张书记，我现在一个人在医院照顾老伴，儿子又要上班，家里没人整理房间了，离搬迁结束时间越来越近了，我该怎么办？"听到夏阿姨如此焦虑，我首先安抚她的情绪，让她冷静下来。然后，通过耐心地沟通，我了解到他们已经租借好了新的居住房屋，同时也得知了王师傅的出院时间等一些重要的信息。我将这些信息及时上报给了相关部门。

在王师傅出院后，我立刻行动起来。当天下午，我带着一群志愿者上门帮助夏阿姨进行整理和打包工作。我们分工合作，有的整理衣物，有的打包书籍，还有的负责清理杂物。同时，我还与隔壁已经搬离的居民进行了电话沟通，借用他们的房间来存放打包好的箱子。

经过连续三天的紧张打包，终于赶在搬家最后规定的时间之前完成了此项工作。搬家当天，我护送夏阿姨一家安全地搬到了浦东的新居，看着他们顺利地搬进新家，我的心里也松了一口气。

力求平稳的选房阶段

2024年4月22日,东郸拆除重建项目正式进入了选房启动阶段。在前期的准备工作中,我们发现许多居民其实并没有真正了解重建后新房的房型、面积、分布和数量等,这样的情况可能会严重影响选房当日的流程进度。于是我组织了居委干部,对重建后新房的相关信息进行了详细地整理。我们将新房的房型、面积、分布和数量等信息梳理成一份清晰的资料,这样一来,不仅为工作人员提供了极大的便利,使他们能够更加有针对性地开展讲解工作,同时也让居民们能够一目了然地了解重建后新房屋的具体情况,从而更好地挑选自己中意的房屋。

此外,通过直观的展示和详细的解说,居民们可以更加清晰地看到新房屋与旧房屋之间的对比,从而更加直观地感受到重建带来的实实在

井然有序的选房现场

在的好处。这样一来，居民们不仅能更好地规划自己未来的生活，还能积极参与到社区建设中，共同推动社区的发展和进步。

在选房之前，街道工作人员进行了详细的现场勘察和布置，确保每一个环节都符合规划要求，同时进行了细致的分工，确保每个人都能在自己的岗位上发挥最大的作用。为了确保选房流程的顺利进行，我们还与居民进行了大量的沟通和解释工作，解答他们的疑问，听取他们的意见和建议，努力赢得他们的理解和支持。

我还记得小区内一户特殊的残疾家庭。杨阿姨年龄 77 岁，丈夫早早就过世了，自己长期居住于养老院，儿子是重度智力残疾，没有自理能力，居住在护理医院。临近选房时间，老人强烈要求出院亲自参加选房，但因没有监护人而无法自己出院。首先我将此信息上报，其次联系养老院，和负责人沟通确认接杨阿姨出院的时间。选房当天，我们早早来到养老院将杨阿姨接到选房地点。在选房的过程中，我一边帮助她解读选房政策和选房流程，一边关心她的身体状况，全程陪同她完成选房摇号的工作，随后将老人安全送回养老院。东郸拆除重建选房工作最终圆满完成。

东郸拆除重建项目的成功离不开区委、区政府和街道的支持、居民志愿者的参与，还有各方协同作战的工作模式。我的体会是：

信息收集是基础。在前期，我们对居民进行细致分类，不断完善一户一档，了解居民的难点和突破口，掌握家庭成员的具体情况、签约困难的根源所在。对于那些真正不愿意签的居民要找出顾虑所在，并提出针对性的方案给工作组，让大家在前期能够有序地推进工作。到了中期，我们对情报要做到及时更新，为后期做困难户工作时提供更多有针对性的信息，从而打开签约突破口。

部门协同是关键。在处理居民的难点时需要各部门协同作战。比如有家庭矛盾的就需要司法所和律师共同参与，化解矛盾，从而让居民顺利签约。再比如居民有民生方面的问题，那么就需要请街道服务办参与进来，从政策上给予帮扶。各部门协同作战，"海陆空"全方位服务居民，为拆除重建工作的顺利推进发挥积极作用。

发动群众是"临门一脚"。我们在前期成立了好几支志愿者队伍，让小区居民积极参与进来。不同的志愿者团队针对不同的居民开展工作，党员志愿者主要做党员居民的工作，居民代表志愿者给犹豫不决、比较纠结的居民做工作，攻坚小组志愿者在最后的难关攻克上，发挥了他们多面手的作用。

通过东郸拆除重建工作，我深刻感受到能参与到这项工作中来是幸福的。因为这使我对以后的工作能有一个更好的思路，且所有一切的艰辛在看到居民们满意的笑容后都化为了幸福。在未来，我想我还是会一如既往地扎根在社区，继续为城市治理工作添砖加瓦。

人民城市向美而行

凤南更新蝶变未来

王 俊

1975 年 9 月出生，2020 年从部队转业到控江路街道，分管拆除重建工作，现为街道四级调研员。全程参与凤南一村旧住房更新（拆除重建）项目。

口述：王　俊

采访：黄一奇

整理：黄一奇

时间：2024 年 8 月 7 日

控江路街道的凤南一村共 1813 户，是《上海市城市更新条例》生效后，全市最大规模的拆除重建项目，占全市当年改造总量的 30%。2023 年，凤南一村拆除重建项目以创纪录的 150 天最快速度实现一轮征询、二轮签约、三轮搬迁"三个 100%"。《解放日报》头版头条进行报道，成为全市旧住房拆除重建标杆项目。

主动请缨直面急难愁盼

一身戎装，一生荣光。这份荣光不仅是身份上的，更是肩头上的责任。2020 年，我从部队转业到控江路街道，面对从未接触过的基层群众工作，昔日军旅生涯中留下的"越是艰难越向前"的习惯激励着我。听闻辖区内的老旧不成套住房较多，居民改善居住环境愿望十分迫切的现实情况，我便主动向街道主要领导请缨，要求参与到凤南一村旧住房更新工作中来。还记得当时有很多不同的声音，有告诉我旧改是天下第一

原凤南一村全景

难的，有质疑项目规模太大很难做成功的，还有劝我先从较为简单的工作做起的。说实话，我一开始心里是有点发怵的。街道旧改办当时加上我一共6位同志，只有2位曾有过相关经验，大部分都是从各个科室抽调过来的新手。就这样，从6人团队开始，抱着初生牛犊不怕虎的心态，吹响了凤南一村城市更新的号角。

凤南一村占地57.6亩，约5.8万平方米，共有35幢房屋，85个门洞，普遍建设于20世纪50年代。小区地势低洼，居住空间狭小、厨卫多户合用，房屋结构、线路、管道老化，居民要求改造的呼声一直十分强烈。但这个项目规模大、情况复杂，涉及1794户居住用房、19户非居和2所学校，房屋近50%为外借状态，单单原始房型就高达128种，难度可想而知。

2021年12月31日，凤南一村旧住房更新（拆除重建）项目组正式入驻。区委书记一直高度关心项目进展，在任区长期间就多次专程到凤南做专项调研，并将项目纳入了 2022 年夏令热线的"区长一诺"内容。

在凤南项目推进过程中，我和街道办事处一位副主任搭档，主要负责贯彻落实街道党工委的各项决策部署，协调区住房保障房屋管理局、实施主体卫百辛集团、签约单位杨浦第二征收事务所、设计单位上海同大设计，并和街道下沉干部等多方力量做好项目推进全过程的群众工作。整个街道旧改办团队一共 14 名同志，最小的出生于 1999 年，最大的出生于 1963 年。

经历了凤南项目的全过程，我从听不懂上海话，到可以和上海本地居民侃侃而谈、可以就家长里短进行矛盾调解；从搞不懂公房、私房区别，到能够对着图纸向百姓介绍房型方案；从第一稿设计开始又经历了近二十几稿推翻重来。过去的一幕幕记忆犹新，可以说，能够参与并创纪录地用这么快速度做成这个史无前例的项目，我感到十分自豪；能够和 1813 户居民同心协力，改善 5000 多人的居住环境，我感到无上光荣。

担当作为凝聚攻坚合力

2024 年 3 月，凤南项目启动后，186 名下沉干部和其余 24 个居委的骨干力量，组成 8 个群众工作组，会同二征所、凤南一村居委组成项目攻坚力量。

我的变化和成长只是控江许许多多下沉干部的一个小小缩影。在此过程中，我们工作组也曾遇到过不少困难局面。有被泼不明液体的，有

大暴雨雨水倒灌原凤南一村

为了见到居民苦等 10 多个小时的，有一边吊盐水一边工作的，数不清的工作人员主动到单位加班，随身带着应急药品百宝袋成了许多同志的习惯。我后来思考，我们完成这项任务最后能自洽的底层逻辑到底是什么，也就是当遇到很大困难和阻力的时候，是用什么来说服自己再坚持一下、再努力一下的？仅仅是完成这项工作，还是我们的确是为了老百姓能有个良好的生活环境？我觉得这两个因素都有，而且这两个因素并不矛盾。归根结底，促使我们工作组一直奋勇前进的，是初心、良心和信心。

我记得街道党工委书记一直同我们讲，我们现在做这件事，首先就是要想清楚，这事值不值得去做，要抱着"今年的汛期将是凤南老百姓在水里度过的最后一年"的信念去干工作，我想这就是初心。群众工作组每日进行进度排名，大家你争我赶、比学赶超，有一次第一组的包联领导，在经历近一天的努力终于得到居民理解后泪洒现场，我想这就是良心。街道主要领导带头始终"战"在最前沿，多次在现场研判至深夜，全体控江干部不为困难所动，坚定不移往前赶。党工委一旦排兵布阵，所有干部闻令而动，没有一个人置身事外。后期，哪怕我们工作组和攻坚户谈到深夜，走出办公室的那一刻，总有近 30 位居民鼓掌说辛苦了，我想这就是信心的来源。

有道无术，术尚可求；有术无道，止于术。什么是术，其实就是方法。凤南项目的成功，为我们总结出了一套行之有效的城市更新群众工作方法。我个人抓住了这么几点：快、准、严、合、联、聚。

快，是指项目推进的速度。速度意味着不可阻挡的势能，可以帮助那些摇摆不定的居民尽快定下签约的决心；快，更是要抢时间，把更多的时间留给后续钉子户的攻坚。凤南一村项目，总用时 150 天，提前 95 天。其中，第一轮书面征询，用时 85 天，提早 7 天；第二轮书面签约，用时

2023 年 11 月 30 日，打造人民城市幸福地标 迈向凤南焕新宜居未来——凤南一村拆除重建项目 100% 搬迁交房暨项目实现三个百分之百庆祝仪式现场

29 天，提早 63 天；第三轮搬迁交房，用时 36 天，提早 25 天。

准，是指信息研判。凤南更新涉及的 1813 户，背后就是 1813 个故事。居住用房中有产权房 290 户、使用权房 1504 户，承租人死亡有 193 户，需搭建平台指定承租人的近百户。同时，支边支内 308 人，在册精神残疾 28 人，各类困难群体多，情况复杂。在征询期我们工作组借助居民、社区骨干等多方力量，摸清每户的家庭情况、社会关系、真实诉求等，建立画像清晰的"一户一档"，相关数据近 300 GB（吉字节），最后整理纸质材料的时候都堆成了小山。在此基础上，才有了 ABC 的三档难易分类。我下沉三个月左右，哪一户不想搬、是想"要面子"还是"厚里子"，我几乎都"门儿清"。

严，是指打破幻想，从一开始就以三个 100% 作为要求推进工作。在整个攻坚过程中，我没有一刻想过要放弃。通过一步一个脚印摸清群众真实诉求，对签约有异议的居民一户户"解剖麻雀"，找准症结，细化一户一方案的破题方法，逐户争取居民的支持。为了一户居民，最多召开过大大小小分析会近 40 次。我印象最深的是二轮最后倒数第二户签约的居民，他住在外街道，为了争取他的支持，那天工作组去了 2 位处级干部、街道近一半的科长，历时近 12 个小时才让其打开心结，最终顺利签约。

原凤南一村多户合用的厨房

合，是指团结所有能团结的力量。过去，我一直对"加强组织领导"或者"组织领导坚强有力"认识不够深刻。但从这次凤南工作中，让我重新对这几句话有了切实深刻的理解。一方面是街道党工委、办事处强有力的领导，另一方面是8个组的处级干部和科长们的有效领导。我们建立了8个临时党支部，成立由16家单位和6家赋能团队组成的城市更新党建联盟，后期攻坚阶段街道马上要退休的几位处级干部都主动要求加入进来，集智聚力推动项目实施。正是有了强有力的组织领导，才确保了全体干部在困难面前不退缩，关键时刻冲得上。

联，是指坚持多元共治。在凤南项目推进过程中，还有三支队伍起到了非常关键的作用。一支是居民群众的自发力量。大概有80名居民志愿者主动充当"老娘舅"，像66岁的陈根娣、快70岁的肖立海等常和居委干部一起去给没想通的老邻居们做"心理按摩"。居民刘海玉自制手工户型模型主动配合工作人员进行方案解释，居民志愿者们自发走出家门，全过程参与到项目的群众工作中。一支是不同领域的专业力量。在这一

居民自制的户型模型

过程中，充分凝聚法官、卫百辛公房管理人员、派出所民警、律师团队、心理咨询师团队等专业力量参与调解，将各方力量转化为城市更新的可靠资源和有力保障。还有一支是热心企业的援助力量。不动产中介公司门店、小邻通社区生活服务平台等16家街道城市更新党建联盟成员单位，积极参与凤南项目的专属后勤服务，竭尽全力满足居民的多样化需求。在各热心企业的大力支持下，我们工作组除了提供丰富房源外，针对居民可能存在的其他需求，如搬家服务、家具仓储、闲置回收、装修定制、家政服务、空调拆装、为老服务、宠物寄养等方面也做足了准备。百姓百条心，这个世界最难琢磨的可能就是人心。对于群众工作来说，一个心结的打开可能就是我们的一句话、一名老邻居的劝解，或者是一次法律咨询、一次贴心服务起的作用。多元力量的整合，应该说起到很好的助推作用。

聚，是指把人气、正气和人心凝聚起来。我们凤南这个项目，整个基地的氛围是很积极、很正气的。项目得到了市、区领导的高度关注和大力支持，他们多次亲临指导，更倾力参与项目专题研究、矛盾调解、居民接待等，帮助解决关键问题，为大家鼓舞士气，也让居民增强了信心。项目启动之初，居民就自发撰写了倡议书，近百位居民签名响应，为项目打下了扎实的群众基础。我们工作组抓牢氛围营造的关键点，搭建1∶1实景样板房、制作设计方案VR，揭牌启用街道城市更新党群服务站，抢占宣传阵地，形成了正面的舆论导向。同时，通过送方案上门、多轮政策宣讲等，确保政策宣传不差一户、不漏一人。过程中，对项目推进情况公示栏每日进行两次更新，为新增100%同意的楼栋贴上先锋楼组标识，举行庆贺仪式，增强居民集体荣誉感。

凤南经验告诉我，无论是千条线，还是万根针，归根结底其实就是：

有没有真正地把为民解忧、为民纾困，作为我们工作的初心。我觉得，没有这个情怀很多工作就缺少最底层的工作动力和热情，凤南项目也不可能成功。

双向奔赴赢得百姓满意

凤南项目能跑出"加速度"，离不开政府和居民目标意愿的统一，更是一场"民声"与"民生"的"双向奔赴"，更新的不只是城市环境，更是党群关系。

在项目推进过程中，我们工作组坚持以人民为中心，主张要兼顾居民诉求和专业要求，通过各种方式积极听取群众意见。先后召开14次房型设计意见征求会、宣讲会，就增加电梯、暗卫暗厨等关乎切身利益

2023年3月29日，王俊回答凤南一村居民疑问

的问题多次与居民进行民主协商，收集居民意见48条，进一步完善了改造方案。先后召开9次居民代表恳谈会，就群众疑虑的"老年人吃饭难""小区停车难"等问题一一给予回应，并在规划设计中加以落实，让居民充分当家作主。

俗话讲，"鞋子合不合适只有脚知道"。同样，社区内部规划合不合理，也只有实际居住的居民才知道。在进行凤南小区公共空间方案的优化过程中，我们工作组始终坚持从老百姓实际生活的角度去思考谋划。在出入口布局上，争取到市交警部门的支持，增设了小区车辆出入口，解决了居民日后"出行难"的问题。在停车位设置上，跨前谋划解决居民忧心的"停车难"问题，争取了设置854个标准机动车位以及90余个临时停车位的规划方案。在公建配套设计上，我们工作组紧密结合"15分钟社区生活圈"建设，增设了7、8号楼的裙房，跨前布局社区食堂、图书馆、市民健身中心、老年人日间照护场所等在内的6000余平方米社区公共服务设施，满足居民日常生活需求的同时，打造出位于凤南辐射控江，功能全、高品质的便民综合体。

城市更新是一个漫长的过程。我们工作组牢记对居民的承诺，记录好居民对重建住房的个性化需求，实施"个户联系方案"，形成了科学的衔接和流程闭环。联合房管、公安部门及卫百辛集团创新推出"涉改房屋地址名册"作为涉改居民在房屋地址暂时性灭失时户籍事项办理不受限制的依据，解决了居民担忧的"户籍难题"。每逢节假日，我带队对凤南结对老人和特殊困难群体进行慰问走访，关心居民过渡生活情况，使居民感受到"人离心不离"的社区温度。

我们工作组还积极探索多种方式保留乡愁记忆，比如动员居民一同参与收集老物件，陆续收到樟木箱、老式台钟、太师椅等逾70件。又如

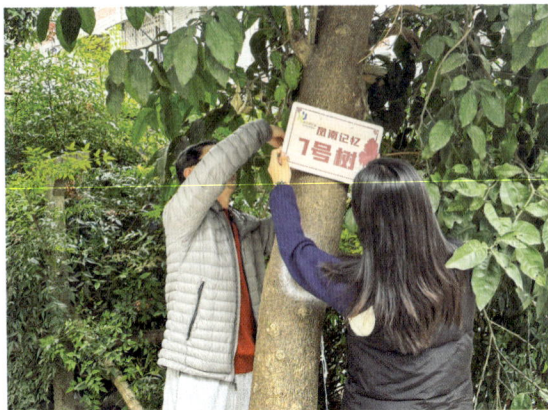

2023 年 11 月 22 日，工作人员为大树挂上"凤南记忆"的标牌并编号，未来将同居民一起回搬

将原小区内 12 株大树挂上"凤南记忆"的标牌并编号移栽，在 4 年后同居民一同回搬，作为见证小区旧貌换新颜的"活化石"。还探索了项目全过程纪录片拍摄和虚拟影像数字采集，努力让跨越时空的对话在未来得以呈现。

通过参与凤南项目，我真切感受到居民和我们之间是心连心的，有时候我进凤南小区，居民都会给我拥抱，这种心贴心的感受是以前没有经历过的。我还记得居民在基地现场的项目推进栏前主动热情和我介绍："一家支持贴一颗星星，我们凤南老百姓聚是一团火，散是满天星！"大城善治，城市更新工作既要凝聚民意形成共识，也要动员更多群众广泛参与治理，让"人民建"与"为人民"有机融合。

我们控江路街道在推进人民城市建设的实践中，聚焦凤南旧住房更新，以"思路之变"赢得了"群众之心"。成功的经验告诉我们，只要是全心全意为人民争取利益，人民都是看在眼里、记在心里、支持在行动上的。对于我个人而言，从部队转业至地方的第一项工作能够帮到 1813

户百姓，将成为激励我未来做群众工作的底气和信心。控江接下来的旧住房更新任务还很重，我也将和同志们一起为辖区居民生活环境改善贡献自己的光和热。

公共空间
设施优化

从空间生产到社区营造：
创智天地的公共空间

蒋建星

1972 年 11 月出生。见证、参与了从创智
天地到大创智的开发与建设，现为上海杨浦知
识创新区投资发展有限公司党支部书记、执行
董事。

口述：蒋建星

采访：马平川

整理：马平川

时间：2025 年 1 月 26 日

杨浦是中国近代工业的重要发源地和"领头羊"。最辉煌的时候，整个杨浦区有 1200 多家国企，60 多万产业工人，终日机器轰鸣声不断，上下班时成百上千的工人骑着自行车鱼贯而出的景象蔚为壮观。然而到了 20 世纪 90 年代，杨浦开始面临着工业区转型的难题，凭借着高校资源丰富的优势，区里提出了要将"工业杨浦"转型为"知识杨浦"的大方向，而创智天地和后来大创智的故事都由此开始……

空间生产的转型：从创智天地到大创智

创智天地始建于 2003 年。当时，上海市委、市政府作出了建设杨浦知识创新区的重大战略决策，在时任市长韩正的关心下，当时还被称为"杨浦区大学城中央社区项目"的创智天地被列入"市重大工程建设项目"。那时香港瑞安集团在黄浦区的新天地项目做得很成功，是历史文脉＋现代城市二者融合的典范，考虑到江湾—五角场片区是"大上海计划"的历史

风貌区，于是区里找来瑞安集团，希望能够借助他们在旧城改造方面的成功经验，将创智天地做成"工业杨浦"向"知识杨浦"转型的标杆性项目。

为此，区里专门成立了上海杨浦知识创新区投资发展有限公司（简称知创公司），也就是我现在任职的公司，作为国资力量，与瑞安集团联合开发创智天地项目，这也就是"创智天地"名称的由来："创智"作为杨浦知识创新区代表着创新创业和知识智慧，"天地"则是瑞安集团天地系产品的标识。

当时全国各地都热衷于建设科技"园区"、创业"园区"，在 20 世纪末的城市化浪潮中，上海面临着传统社区结构的瓦解和城市空间的急剧扩张，然而，我们认为双创人群需要的不仅是基本的生活硬件，他们更渴望有一个交流沟通的开放空间。和瑞安集团进行了充分的讨论后，大家一致认为还是要充分利用杨浦区历史悠久的江湾体育场和周边一流的教育资源，把创智天地定位为吸引高端人才、为创新创业提供一站式服务的"城市大型综合型社区"，这一理念超越了当时的"办公园区模式"和"大学城模式"。将住宅、商业、零售、办公和产业孵化器等多种功能融合，形成了一个综合产业园区，这也成了创智天地的基石。

基于这个定位，区里明确提出大学校区、科技园区、公共社区"三区融合、联动发展"的理念。并借助外脑，邀请到曾规划设计"硅谷"的美国 SOM 公司参与创智天地的规划设计。

2006年，创智天地竣工后，我们不断学习瑞安集团先进的管理经验和运营模式，以创智天地为核心，又打造出了"创智科技中心""创智国际广场""创智汇""创智左岸""创智源"一系列载体品牌。2014年，区委、区政府在双创背景下决定在更大范围内延伸创智天地品牌，建设"大创智功能区"，规划面积最初为2平方公里，后来又扩展到6平方公里，到2018年正式确定为8.2平方公里。时至今日，大创智载体面积已经超过400万平方米，聚集企业4500余家，区域总营收超过3000亿元，拥有字节跳动、哔哩哔哩、叠纸科技、AECOM、声网、商米科技、戴尔科技、易保网络、得物等众多行业头部企业，超过17万知识工作者在大创智工作、学习和生活。可以说，大创智已成为上海的知识高地和创新策源地。

我是2018年经组织安排调入知创公司，担任公司执行董事，全面

大创智创新发展示范区一隅

主持参与大创智的建设与运营工作。在建设过程中，我们首先面临的问题是如何在高密度的城市环境中，创造出既满足现代都市功能需求，又能保持社区活力和人性化的公共空间。大学路和大创智绿轴回答了这个问题。

大学路的变迁：编织一条社区的纽带

大学路的开辟和创智天地是一体共生的，当时创智天地的规划包括创智天地广场、江湾体育中心、创智坊和创智企业中心。创智坊是创智天地项目中占地最大的部分，不同于国内常见的围墙环绕的门禁小区，创智坊采用了开放式围合街区。大学路是创智坊的主街，东侧连接地铁

大学路原为铁路货运场

站和创智天地广场，西侧通往复旦大学和上海财经大学。这是一条在原有肌理基础上增建的新路，它不仅疏解了南北向宽阔主干道的压力，还将校区、社区和创业园区串联起来。

在 2003 年之前，这片区域有上海城建局的一家机修厂，还有一些企业仓库和杂乱的工厂区，场地中没有清晰的路网。2004 年，场地东侧的淞沪路拓宽为十车道，大学路也以淞沪路为起点开始动工。2010 年，大学路的店铺转型升级，多数运动品牌折扣店搬离，直到 2012 年，大学路才成为一条双行道，并以"文艺、小资"作为特色标签和发展方向。

我到现在还记得大学路刚开始运营的时候，也遭到过一些冷遇。当时来大学路的人很少，生意十分冷清。不少商家提出"能否把经营的桌椅放到街上？"并尝试了这一做法，发现客人们很愿意坐在外面，也吸引了很多人在大学路流连。然而这种做法在当时因为侵入了街道的市政公共空间，是不符合城市管理规范的。于是我们从中牵线，多次与属地街道和城管部门协商：能否在一定的时间和空间内，让店家把餐桌放在外面。出于把大学路建设好的共识，大学路成为杨浦区第一条允许店面露天跨门营业的街区，这次协商最终促成了大学路成为一个年轻人逛、吃、玩的休闲胜地。瑞安集团对外摆的管理要求也非常严格，外摆的任何一个店铺都要报政府相关部门审批，每年还要对他们进行一次相关的复核。对于不符合要求的店铺，必须进行整改后才能继续营业。咖啡馆、餐馆都纷纷在道路两旁支起了带着自家 LOGO、形状颜色各异的篷盖和风格各异的栅栏，通过摆放盆栽绿植鲜花，在装饰空间的同时，也将顾客和行人自然地分开。我印象比较深的是一家叫 Homeless 的餐吧，它已经是大学路上开了 12 年的"老店"了，其创办人是同济大学的校友，大学时玩乐队的经历让他产生了开一个餐吧的想法，让更多诞生在校园里的原创乐队有一个表演和寻找知音的平台。学生对草根原创音乐的接纳度非常高，使得这家店在大学路备受欢迎。

2019年以后，夜间经济开始流行起来，上海也出台了政策扶持优化夜间营商环境。我们与瑞安集团一商量，认为大学路特别适合做夜间经济，这里高校多，很多年轻人都是夜猫子，有强烈的夜间消费需求，而五角场这边商场大多受营业时间限制。大学路是一个街区道路，经营时间相

大学路外摆位

对灵活，街景的布局还能让人坐在露天的室外环境里休闲。我们一致认为大学路做限时步行街有得天独厚的条件，慢行的道路设计、垂直混合的业态、开放的街区空间，这些都是区别于其他步行街的特色。虽然想法很好，但是落实起来，还是花了相当大的力气，因为这涉及街区功能重新布局、交通组织重新调整、商家和居民的出入路径变化等一系列问题。在上海目前的限时步行街中，大学路限时步行街是距离居民区最近的，设置限时步行街，必然会影响周边居民节假日的出行、停车，所以最开始的时候，我们接到了不少投诉电话，主要就是反映停车位减少的问题。为此，我们多次和属地街道、交警部门开会研究可行性，逐渐通过设置临时停车位，优化行车动线等方案，最终解决了这个问题。

除此之外，如何将大学路限时步行街做出自己的调性，如何将"三

区联动"的优势充分应用到步行街上，如何保持每次活动的新鲜度，都是我们一直在摸索的。一方面，我们利用原先积累的商户资源，引入一些比较有特色的业态，比如我在接待企业时，聊到有没有优质的集市资源推荐，就接触到一家景德镇做瓷画的企业，他们把传统艺术手法和现代年轻人喜欢的 IP 结合，十分有特色。还有一家做唐卡的公司，也是传统 + 现代的结合。经我推荐，这两家公司后来都参与了步行街的设摊，并取得了不错的反响。另一方面，我们充分利用园区现有企业资源，发动他们积极参与，与抖音、美团等周边头部企业，百雀羚、蔚来等优质国货品牌联动共创了 44 场专项活动，还有哔哩哔哩的美食纪录片《第一餐 2》、叠纸的爆款游戏《恋与制作人》《恋与深空》等文创 IP 先后入驻了限时步行街；复旦、同济、财大等区内知名高校亦作为共创伙伴，与社区居民一起参与城市家具共创、睦邻集市等多个强调公益性的子项目。

大学路限时步行街

限时步行街成功实施运营的背后，涉及多元主体，既包括直接相关的商户、周边办公人群、社区居民，也包括运营商、城市管理部门，通过共创共治，大家一起努力，实现了限时步行街人气与管理的平衡，也体现出精细化管理的魅力。大学路已不仅仅是一条马路，而是成为一个展示区域形象的新名片，推动区域文商旅融合的更新和升级。

大创智绿轴：重建人与土地、人与人的联系

2014年前后，大创智开始规划，我们发现从大学路西段往北延伸，地下1.5米处有一条雨污合流管道。这块区域东侧是江湾翰林住宅小区，西侧是和财大小区相隔的围墙边界，南侧紧邻大学路和创智坊，北侧是当时正在建设的复旦大学管理学院，商业业态和人口构成十分多样。这块土地本属于江湾翰林的配建绿地，但由于污水主管线上方对建筑有严格限制，所以一直未得到充分利用，很长一段时间内都是工地临时用房和闲置地，属于没有开发价值的城市"边角料"。

2016年，我们和瑞安集团借助大创智的开发机会将这块"边角料"进行再利用，并将其定位于"社区互动空间"，通过招投标的形式选择了与我们理念相吻合的同济大学四叶草堂团队进行景观改造和社区营造，改造后的创智农园成为上海市首个位于开放街区中的社区花园。

有了创智农园这个成功案例后，我们想能不能把从大学路锦建路到淞沪路三门路这1.3公里的路段充分利用上。一方面，目前整个大创智片区，南边以五角场地铁站为核心的商业区和北边以三门路地铁站为核心的商务办公区在空间上如果能够打通，互相承接溢出的资源，形成一个

更大的五角场，那么就能够将片区的产业、商业、客流等各类资源的效应提升到更高层级。另一方面，这片区域高楼林立，社区也不少，白领和居民很多，人和土地的关系比较紧张，缺乏公共空间供大家休闲，需要绿轴这样的城市微更新作为绿色基础设施的一部分，给大家带来更舒适的工作和生活环境。

我们给这个方案起了一个名字——"大创智绿轴"。这是一条空间上的"绿色通道"，连接五角场—大学路地区与当时还在建设中的钻石连廊。绿轴所经过的复旦大学管理学院、五角场双创学院、创智科技中心、创智国际广场等项目都是亮点项目。作为杨浦"三区联动，三城融合"的主战场、主阵地，大创智绿轴穿过的区域内要素汇聚、主体众多，如何将这些要素和主体充分利用起来呢？我们首先明确了人民城市理念是绿轴建设的逻辑起点。我带领项目团队，通过上海杨浦公众号、调研走访等形式，广泛发布问卷，充分了解周边主体的需求和建议。作为发起方，我们与绿轴沿线的五角场、新江湾城等街道、社区，还有复旦大学管理学院、叠纸游戏、挚达科技、无忧传媒、大隐书局、天强、凯德、凯迪、铁狮门等高校、企业、开发商共同成立了"大创智绿轴联盟"，设立专项资金，助力绿轴运营。

绿轴的落地并不简单，一些规划设计需要沿线的开发商退让出部分的红线，同时还需要周边路网的更新和交通毛细血管的打通，才能更好实现绿轴的可达性。比如绿轴中段的数字公园，原先是一片荒草地，我们先协调了绿化市容局，将这片荒草地交给我们改造运营，后又走访了凯德，希望他们能够将北边红线稍微退让一些。同时，数字公园西侧的国亮路此前一直是断头路，打通这条路牵一发而动全身，涉及建设管理部门、规划资源部门、绿化市容部门、公安交通部门等各方参与，于是我们通过向区人大提交议案的形式，提出了"关于推进'大创智交通微循环'的建议"，最终促成了周边路网的微循环。现在数字公园已经正式开放，中午和傍晚的时候，吸引了周边遛娃、养宠的居民和白领，有人干脆就直接躺在草地上晒太阳，还有人把这里作为现在很流行的"wildeat（午间野餐一小时）"的场地，十分热闹。

目前，绿轴南段的成果不断巩固。创智农园在改造后已成为社区自治典范。五角场创新创业学院要素不断汇集，依托区委组织部设立了杨浦区党建服务中心，还在 2023 年落地了香港中文大学上海中心，复旦大学管理学院政立院区于 2024 年 9 月开放，成为国内第一个没有围墙的商学院。绿轴中段、北段建设稳步推进，大创智数字公园开放后，落地了数字星球、数字魔盒等应用场景，未来将打造成为区域新的城市地标。钻石连廊西南侧的卡拉比—丘广场在 2025 年 1 月刚正式开放，与上海数学和交叉学科研究院呼应成趣。

大创智绿轴打造共建共治共享的新型公共空间的意义十分长远。这

改造后的创智天地俯瞰

个过程中，重建了人与土地的联系，重建了人与人的联系，重建了我们与他人的善意和信任关系，成为有价值的"公共提案"的城市空间，成为容纳万物的人文精神高地。

大创智的故事远不止于此。公共空间是社区居民共同参与和共治的结果，每一个角落，每一块砖，每一棵树，都承载着我们共同的记忆和情感。在创智天地的建设历程中，我见证了从空间生产到社区营造的转变，这不仅是城市规划理念的进步，更是对城市生活本质的深刻理解。我相信，随着越来越多的人参与到社区营造中来，我们的城市将会变得更加宜居、更加人性化，成为人们共同创造和享受的生活乐园。

百年老路换新颜
助力滨江大发展

俞　斌

1980 年 7 月出生。2004 年进入区建设和
管理委员会工作，现为区市政交通中心主任。长
期从事建筑业管理、市政交通建设管理工作，全
程参与杨树浦路综合改造工程建设工作。

口述：俞 斌

采访：刘媛媛

整理：章 健

时间：2024 年 8 月 27 日

在黄浦江两岸综合开发战略的大背景下，基于改善滨江沿线出行条件、进一步推进沿江地区旧区改造和落实历史风貌保护的要求，2016 年区里启动了杨树浦路综合改造工程。2021 年 12 月，历时 6 年改造的杨树

2014 年综合改造前的杨树浦路松潘路路口街景（诸德清　摄）

浦路顺利通车。这条承载着百年历史的道路，不仅见证了上海城市发展的变迁，也以全新的面貌呈现给市民。

2018 年 6 月，为统筹协调杨树浦路综合改造工程项目的实施，研究解决有关重大问题，区委、区政府批准成立了杨树浦路综合改造工程项目指挥部，由分管副区长牵头 18 个区属部门共同推进工程建设。考虑到我在市政交通建设管理方面经验比较丰富，因此被组织任命为指挥部办公室副主任，主要负责工程整体推进工作，全程参与、见证了杨树浦路综合改造工程建设工作。

百年工业的"起点"

我对杨树浦路的最初印象是它被称为"沪东第一路"。查阅资料得知杨树浦路始筑于 1869 年（清同治八年），租界当局从东百老汇路（今东大名路）筑路至杨树浦港，翌年，宽 30 英尺（约合 9.15 米）的杨树浦路建成。此后，对杨树浦路进行了垫高和拓宽并向东延伸，于 1899 年延伸到顾家口（今平凉路军工路转角处）。1909 年，工部局将杨树浦路的路幅拓宽至 60 英尺（约合 18.30 米）。1926 年，路幅进一步加宽到 75 英尺（约合 22.88 米）。杨树浦路在 150 多年的历史中多次延伸、拓宽，使得杨树浦在时代改变的浪潮中得以保持产业活力。杨树浦路沿线有名的企业包括上海机器织布局、怡和纱厂、祥泰木行、慎昌洋行、瑞镕船厂、裕丰纱厂等。这些企业有最早的外商投资、有最早的民族产业，经历过辉煌，也经历过战乱和破坏。

杨树浦路，百年市政由此开始，百年工业由此兴盛。它见证了中国

2014 年综合改造前的杨树浦路杨树浦水厂段街景（诸德清　摄）

近代工业的发端、茁壮、变迁，沿道路两侧现存的近现代工业遗产群在国内独树一帜。杨树浦路是上海近代工业遗产，也是中国近代工业遗产的重要历史标志，凝聚的是近代无数产业工人辛勤的奋斗和无穷的创造与智慧。杨树浦路是上海市政、中国近代工业的历史地标。整个杨浦区的名字，都来源于"杨树浦"三个字。

杨树浦路也的确"老"，自 1927 年以来未进行过彻底的扩建改造。随着杨浦滨江开发进程加速向前，百年工业锈带向多彩生活秀带逐步转型，曾经的老工业区变身杨浦滨江公共空间，作为滨江地区重要交通干线的杨树浦路，提升道路通行能力，优化附近市政管线等配套基础设施迫在眉睫。为此，区委、区政府决策启动杨树浦路综合改造这项服务及助力杨浦滨江地区发展的重大民心工程。

百年市政的"转身"

《上海市城市总体规划（2015—2040）纲要》对城市适应绿色交通要求和生活方式改变提出了明确的要求。杨树浦路沿线有着大量的工业遗存，面对这些历史文化积淀与区域发展的需求，我和同事们一次次头脑风暴，转变传统设计理念，重点关注慢行交通、绿色出行、韧性城市与街道设计，借单一工程建设提升整体环境空间，以此为契机，对地下管线进行全方位更新。

杨树浦路的改造是打造滨江生活秀带的重要环节。面对杨树浦路厚重的历史文化遗存与区域发展的需求，我们指挥部的全体同志都在思考如何更加尊重人民群众的意愿感情，客观把握城市的发展规律，充分实

综合改造后的杨树浦路

现城市街区的"人本价值"。经过反复的研讨，我们最终决定对于整体设计理念进行"思想的突围"，突破本位，从"以车为本"向"以人为本"转变；提高站位，从"单一工程建设"向"环境空间提升"转变；结合道路工程改造充分保留"城市记忆"，深挖历史，厚植杨树浦路的"文化底蕴"，着重打造宜漫步、可阅读、保障出行、面向未来的高品质杨树浦路。

我们想通过杨树浦路改造工程，推动区域转型，打造一条富有历史感、人情味、独特性、多元化特征的城市街道，在规划设计中不仅考虑交通能级提升，还以加快城市更新、促进产业升级为目标，结合杨浦滨江区域"工业文明特色江岸"定位，打造一条充分保护并合理利用历史遗存、富有韵味的文化线路，将杨树浦路建设成既能彰显历史文脉又能展现城市文明的特色街道。

我清楚记得杨树浦路是《上海市街道设计导则》发布后的首批街道设计实践项目，也是一次以市政工业风貌保护为背景的街道设计实践。此次改造的成果之一——《上海杨树浦路综合改造专项规划及街道设计》在数百项作品中脱颖而出，于2018年获得中国城市规划协会颁发的2017年度全国优秀城乡规划设计奖（城市规划）一等奖，也成为近10年来首个获得全国城市规划类一等奖的市政道路项目。

"街道是城市空间的重要载体，街道风貌的提升甚至可以影响到一个区域的发展。杨树浦路综合改造规划不乏亮点。一方面要践行'还路于民''慢行优先'理念，另一方面可结合自身特色，对近代工业遗存、杨浦滨江规划定位进行提升，完善造血功能，让人可以再度聚集起来。"这是当时市规土局一位负责人对杨树浦路综合改造规划的评价，我到现在记忆犹新。

因地制宜灵活开展腾退

2016 年 7 月，杨树浦路改造方案基本确定；2017 年上半年，杨树浦路改造工程取得工可批复，开始启动全线动迁工作，确定杨树浦路总投资 641976.51 万元，其中市级专项补贴 49.4 亿元，其余由区级建设财力承担；2017 年底，杨树浦路改造取得施工许可证，逐段有序推进管线摸排确权工作。

方案确定后，项目即刻开展了动迁、文保、管线调研以及确权等相关工作。此次综合改造是杨树浦路多年来首次拓宽，难度巨大，不仅因为沿线涉及 59 处腾地点，约 528 产（非居 128 产，居民约 400 产）近 4.5 万平方米征收，需要协调多家央企、市企以及改制企业腾地，协商多个住宅小区退让。腾地过程中，我遇到的最大挑战是涉及杨树浦水厂 2 号清水池改造。它建成于 1905 年，是杨树浦水厂重要的蓄水池，用于杨浦、虹口、浦东等多个行政区域的供水服务。该清水池位于杨树浦路许昌路东北侧，现状清水池平面约为 1400 平方米，有效水深 3.5 米，水池深约 4.5 米，侵入杨树浦路道路红线约 8—12 米。工程伊始我就与城投水务集团相关部门多次召开会议专题协调、协商该清水池改造方案，并与市水务局相关部门专题研究，结合杨树浦水厂南区改造项目，尽最大可能减少清水池的容积损失。通过 2 年多的努力，在市重大办、市水务局的大力支持下，经与城投水务集团多次洽谈协商，同意先行启动除清水池改造以外的土地房屋征收工作，并从供水安全、改造期间安全运营的角度将现状清水池优化改造容积约为 900 立方米，剩余蓄水需求由水厂南厂区通过设备优化得以保障，从而顺利完成水厂腾地工作。

我们经过"地毯式"调查发现，单就杨树浦路北侧而言，历史建筑

综合改造后的杨树浦路绿化

沿街立面占到总面宽约 35%，长达 1.8 公里。在杨浦树港到临青路一段，这个比例高达 75%。这一段，拥有大德里、志仁里、华忻坊、仁兴里、依仁里等百年里弄。在齐齐哈尔路—兰州路段，有分别建于 1889 年、1920 年的杨树浦警察局、杨树浦救火会。在通北路—许昌路段，还有建于民国时期的杨树浦路 713 号花园住宅、1914 年建成的新康里。除单个历史建筑，杨树浦路上存在着一些成片区的历史城市空间节点。如八埭头—杨树浦水厂区域被誉为"杨树浦的南京路"，曾是这个地区最为繁华的区域。周家牌路—松潘路区域是历史居住综合社区保留质量最高的地方之一，体现出老上海里弄肌理和居住中心、商业配套环绕的传统布局。内江路波阳路区域体现出当时职住平衡的特殊肌理，比如其中的密丰绒线厂就是集合型的职住平衡厂区。这一理念在佛罗伦萨、威尼斯等历史名城也被大量使用。在文物保护工作方面，我们遵循原真性原则，只对既有历史建筑和空间进行修复，不再新造或重建。

经与区规土局、区旧改办、区财政局、属地街道等部门共同研究、协商杨树浦路规划红线内的房屋征收工作事宜，整个腾地工作于 2018 年起逐段启动。以加快工程进度为大原则，在施工条件局促等客观因素制约的前提下，以"能做即做"为准则，兼顾工程投资控制，"见缝插针"地逐段启动各路段管线及道路主体施工。项目启动后，沿线腾地工作量巨大，集中研究解决了多处历史遗留的小区部分土地侵占红线的退界问题，完成新康里门楼风貌建筑拆落地保护，杨树浦路 540 号风貌建筑、杨树浦路 1430 号文保建筑平移保护工作。2021 年 7 月全部退界完成。

攻坚克难协调项目开展

杨树浦路全线地下管线错综复杂，其中老旧管线居多且基本都在运营，管道老化严重，均已超龄服役。为适应滨江区域未来发展需要，打造韧性安全城市，提前消除地下安全隐患，工程在建设任务紧迫、地下空间不足、排水系统提标难度巨大的情况下，尽力压缩出窗口期由各管线权属单位实施上水、燃气、电力等近百条管道增容及更新工作。

根据排水规划要求（下水道需提标至 DN3000，达到五年一遇标准），工程还需将刚建成的丹东、松潘、大定海三大排水系统全部连接。因规划下水道（DN3000）为大口径管道，开挖施工将彻底阻断杨树浦路交通，故只能采用顶管方式施工，并为建造顶管井需对沿线大量管线进行搬迁。为减少反复施工对周边居民的影响，保证一次"开刀"解决多个问题，同期还开展了大连路—宁国路 220 千伏电缆搬迁、杨树浦水厂区域地下管线搬迁、架空线入地及新增合杆整治、协调多部门稳定管线过河施工方案等工作。

工程实施期间，交叉推进杨树浦路改造与周边江浦路越江隧道、轨道交通18号线、杨树浦水厂深化改造，丹东排水系统、松潘排水系统、大定海排水系统及滨江区域路网建设等多个市、区重大工程同步施工。为给杨树浦路规划管线腾挪管位和道路断面拓宽调整，原杨树浦路（大连路—宁国路）220千伏电缆需进行搬迁，该工序为杨树浦路改造工程与江浦路越江隧道工程最关键的管线施工节点（一年只能停电施工一次）。为兼顾两个市重大项目2021年内完工节点，我们指挥部牵头多次对接排管方案，因原搬迁方案采用顶管方式穿越杨树浦港，但在过河区域排查过程中，发现河中存在障碍物（疑似方桩），深度为地面以下9米，为避让河床障碍物，需要加深顶管深度，基坑深度从11米调整为15米，基坑也需要再加深得以绕开河底障碍物，由此造成原定基坑深度增加，施工工期延长且工程造价成倍增加，使得该方案无法满足原定220千伏排管贯通的目标。于是，我立即组织市区电力公司、区滨江公司等部门研究解决方案，根据现场实际情况，通过多个方案对比，将管线过河方案调整为电缆桥架方式穿越杨树浦港过河。桥架位于杨树浦港泵闸北侧约12米，该桥架远离杨树浦港桥，且已位于兰州路尽端，一般无行人车辆通过，采用此方案不会对周边交通造成影响，对景观影响也较小，较原顶管方案，该方案具有交通无影响、施工速度快、环境影响小、工程造价低等显著优点。最终于2021年1月顺利完成电缆割接工作，确保杨树浦路改造工程与江浦路越江隧道工程后续工程推进。

工程施工期间，我们指挥部实行工程例会制度，专题研讨难点攻克方案，并制定了"当日工作当日清"目标机制，每晚集中施工现场解决具体问题。其间，我们也经受了新冠疫情的考验，为尽可能减少人员流动，阻断疫情传播渠道，对杨树浦港桥南侧驳岸施工现场施行封闭管理。我还记得工程疫情应急防控小组就组织施工、监理、管线搬迁等单位召开线上、线下专题会不下20余次，群策群力，确保项目顺利实施。

精益求精助力转型发展

2021年12月底，杨树浦路全线顺利通车。通车后，我们指挥部仍未松懈，立即开展了街道景观提升的工程。打造了两段具有文化代表的主题特色景观街道（"水之源""纺之梦"）。"水之源"位于杨树浦路（许昌路—怀德路）南侧、上海自来水科技馆门前，讲述了一滴水的旅行的故事，添加了互动雾森、互动泡泡、互动投影，渐变弹石铺装和金属特色铺装，打造别样的"网红打卡点"。"纺之梦"位于杨树浦路（内江路—定海路）南侧，上海国际时尚中心门前，用线条纺织梦想，以线条贯穿古今，以铺装反映时代变迁，以现代的设计手法与互动装置，吸引人们了解历史，展望未来。

改造后，我们也邀请了一些居住工作在杨树浦路沿线以及周边地区的市民代表及区人大代表、政协委员到现场，先一步参观体验已改造完成的路段，并提出意见和建议，通过开放日活动为人民群众代表介绍工程脉络、相关难点，多角度听取采纳人民群众代表对项目的意见建议。

项目全线开通后，我们一直在跟进后期的养护，对于从各方收到的信息回访，第一时间进行处理，如：优化局部路灯亮度和角度，增加路段红绿灯，处置道路井盖异响，保障异常天气下的道路运行等。同时，

综合改造后的杨树浦路人行道和非机动车道

为响应上海市提出的适老化改造工程，对已完成的公交站台进行优化改造，增加无障碍通道等适老化附属设施。

杨树浦路的改造不仅提升了道路功能和交通能力，还为杨浦滨江地区的高质量转型发展提供了有力支撑，吸引了多家知名央企、互联网头部大厂入驻周边地块。从中交集团上海总部、中节能上海总部落户滨江，到哔哩哔哩、美团、字节跳动纷纷入驻，再到珠江合生集团的商住一体开发规划。未来，轨交24号线也将穿越杨树浦路，将杨浦滨江与上海诸多商业片区、历史古迹串联起来。

如果说，杨树浦路过去的标签是"工业起源""万人大厂"，这些辉煌的历史，在新的岁月里，将通过另一种形式书写。杨树浦路综合改造工程的成功实施，标志着这条百年老路迎来新的生命。

国定支路睦邻街区：
从"城市边角料"到"家门口的好去处"

邵晓燕

1980年3月出生，现任五角场街道党工委副书记、办事处主任。曾任杨浦区发展和改革委员会副主任、杨浦区科学技术委员会副主任。2023年5月任五角场街道党工委副书记。

口述：邵晓燕

采访：杜 哲

整理：杜 哲

时间：2024 年 8 月 20 日

　　国定支路位于上海财经大学国定路校区东侧，西接国定路，北至政立路，全长约 550 米，平均宽度约 14 米，是一条长期服务于周边财大、国定一居民区的街坊道路。道路沿途分布有菜场、为老服务中心、社区医疗点、学校等公共服务设施，在满足周围居民的日常出行、买菜、购物、饮食、就学、养老等需求中发挥着十分重要的作用，是附近居民真正意义上的"家门口"。同时，国定支路还串联着上海财经大学、复旦大学两所高校和创智天地创新示范区、大学路网红街区等，是连接周边社区居民、学生、白领生活的重要纽带。可以说，国定支路短短 550 米的距离，与周围各类人群的日常生活中众多迫切的需求紧密相关。

　　然而，这条短小但极为重要的街坊道路长期处于无序状态，没有得到有效治理。随意停放的社会车辆占据了出行空间，损坏的道路设施得不到及时地修缮，道路两侧的商铺门前环境脏乱差，机非混行造成交通秩序混乱等问题被反复提及。2018—2019 年，国定支路沿线小区全面完成"美丽家园"改造，小区面貌焕然一新，但承担主要交通和服务功能的国定支路的问题仍然没有得到彻底解决，影响了街区整体品质的提升。

2019年3月，政立路580弄小区东南角的"睦邻门"顺利开启，并根据居民需求不断改造升级，为居民日常生活提供了不少便利，有效缓解了新老小区之间发展不平衡不充分的矛盾，降低了邻里之间获得对方优质公共资源的成本，但同时也导致了国定支路人流量进一步加剧。居民们在对小区环境和配套改善交口称赞的同时，对国定支路综合整治改造的愿望也日益迫切。

2021年起，五角场街道党工委将国定支路睦邻街区改造项目作为重点项目纳入工作范围，专门组建工作专班。首先对沿街道路基础设施进行全方位的更新与提升，协调区相关职能部门完成了道路沿线老旧破损道路修复、地下管网疏通、机非混行处置、绿化规划调整，改善了街区的市容面貌。同时整合沿街现有的公共设施、服务空间等资源，建成启用"吾心向党"4个党群服务微空间，街区功能实现了进一步延伸。2023年5月，经组织安排，我来到五角场街道工作。到任后，我接过前任的接力棒，继续推动国定支路睦邻街区项目从1.0版本向2.0版本升级。

旗帜高扬换新貌，心动街区共筑梦

我们本着"群众在哪里，我们就把阵地建在哪里；群众的需求在哪里，我们就把服务延伸到哪里"的理念，利用好街道"五位一体"议事协商平台与居民反复沟通，发现居民的诉求主要集中在希望道路更加平整、环境更加整洁、停车更加有序、公共活动空间更加多元等方面。我们街道从"吾心向党"党群服务微空间成功实践中汲取改造经验，延续

改造前的人人讲堂

改造后的人人讲堂

"就地取材、变废为宝"的改造思路，进一步挖掘街区现有的空间资源，先后建成"人人讲堂""人人会客厅""人人书屋""宝宝屋""人人食堂"等核心项目，将国定支路睦邻街区打造成为集社区就餐、养老托育、文化休闲、阅读交友、政策咨询、政务服务等功能于一体的公共活动场所、学习教育平台、共建共享阵地，实现党群服务圈与 15 分钟社区生活圈的"双圈"融合，为居民提供实实在在的便利。

令我印象比较深刻的是"人人讲堂"项目。这是我们街道打造国定支路睦邻街区的重要一环，它的屋顶造型设计为"人"字，在外观设计上融合了"人民城市人民建，人民城市为人民"理念，又形似一本正在翻阅的书籍，融合了烟火气和书香味。这里每年都会开展类型丰富、特色鲜明的主题活动，内容涵盖海派文化、非遗传承、中医咨询、人文行走等多项内容。当时在做这个项目的时候，我们就希望居民们买菜、散步之时，一扭身就能到"人人讲堂"坐坐，看会儿书、听一场大咖的讲座。"人人会客厅"是一个能够满足各类人群社交需要、具有社区会客功

改造前的人人会客厅

改造后的人人会客厅

能的空间，集党群政务服务、睦邻文化活动、读书交友活动、儿童绘本阅读、青年活动沙龙等为一体，实现了服务对象由"一老一小"向"全人群"的转变。记得住在附近的退休教师陈爷爷，经常带着自己的小孙女来这里玩耍和看书，有次陈爷爷碰到我，还跟我讲："这里配套设施齐全，对老人和孩子很友好，感觉和自己家里的客厅一样，想来就来玩玩，非常好。"此外，宝宝屋、人人食堂、人人书屋等其余公共空间也都受到了居民的热捧。

　　每次在介绍国定支路睦邻街区时，我都会描绘这样一个画面：在焕然一新的街区里，居民一出家门就是干净整洁的菜场，买完菜就能到旁边的人人讲堂看会书，听一场大咖的讲座，还可以去人人会客厅坐下歇歇脚、聊聊天，临到饭点转身便可以到旁边的人人食堂品尝美味佳肴。上班族们白天可以将小朋友送到宝宝屋，享受到全年12次的免费照护服务，青年人可以在人人书屋喝杯咖啡，聆听一场职业发展规划讲座。在这样一个全人群友好的社区里，菜场的烟火气伴随着书屋的咖啡香，讲堂的书香味交织着社区的人情味，滋养着街区居民的美好生活，给居民带来更多怦然心动的幸福感和获得感。

创享点燃新引擎，合力共建美好城

我一直认为，生活在周边小区的居民才是这个街区真正的主人，在街区打造过程中一定要强化大家的"主人翁"意识，让居民充分参与进来，街区的事情大家一起商量着来。对此，我抓住了三个关键点：

第一个是"我的街区我做主"。在规划阶段，我们利用"人大代表选民接待日""政协委员联络站""吾友治慧堂"等平台，举办 20 余场意见建议征询会，让在职党员、志愿者、中小学生化身为"编外规划师"，与专家共同谋划街区设计方案。比如国定一的居民汤先生，退休前曾从事过工程建设工作，为了发挥他的专长，居民区党总支积极发动他为道路的改造方案出谋划策，汤先生的一些中肯建议被大家认可并写入《国定支路改造组织实施方案》，他也成了颇受邻里尊重的"编外设计师"。又如在人人食堂运营方选择阶段，我们组织居民群众到报名的 8 家企业（分布在徐汇、浦东等多地），亲自去感受试吃，直观感受企业的服务品质，并进行投票，就是要让群众感受到大家的事也是我的事，自己的一票也至关重要。在人人食堂运营 2 个月后，我们还专门组织了一场菜品菜价评议会，邀请 10 余名居民谈一谈对食堂运营方方面面的意见，大家你一言、我一句，在变更菜品口味、区分大小份例菜等方面提出了很多有价值的建议，食堂运营方也一一采纳。在确定人人讲堂首场活动时，我提议交给居民来选择，活动前夕我们特意在讲堂外面放了一块展示板，

人人讲堂活动投票处

上面共有 10 个主题活动内容，经过 3 天的投票，"何以杨浦"系列讲座《大杨浦小地名》票数最高。我记得当天的讲座由复旦大学档案馆特聘研究员张国伟老师"开头炮"，张老师的讲课生动有趣，"人人讲堂"里掌声不断。

第二个是"我的街区我负责"。我们充分吸取了大学路街区自我管理委员会的有益经验，成立由居民代表、业委会、物业、街区运营方等多方力量组成的国定支路睦邻街区自我管理委员会，专门制定《国定支路睦邻街区自我管理委员会章程》，动员居民主动参与街区运维管理，推进街区的全过程协商治理，培养居民自我管理、自我教育、自我服务的自主意识。街区大大小小的相关事务：小区围墙门头设计方案的选择、文明公约的制定……居民都通过自我管理委员会共商共议，真正实现街区的自治共治。

第三个是"我的街区我守护"。我们发动居民成立平安家园志愿队、美丽家园志愿队、二师附小护校队等多支志愿者队伍，鼓励更多居民积

正在工作中的平安志愿者

极加入到街区志愿服务中来，为打造一个更加整洁、美观、和谐的睦邻街区贡献自己的一份力量。例如，4个微空间的日常管理、清洁均交由党员和志愿者自行管理，他们负责每日巡视和打扫；平安家园志愿者每天下午巡视街区，发现安全隐患第一时间上报至相关部门；清洁家园志愿者每周四打扫街区，维护街区干净整洁；护校志愿者每天上学放学期间在二师附小北校门口维持秩序，守护孩子安全。

链接联动聚资源，能级跃升惠民生

在国定支路睦邻街区建设过程中，街道党工委书记多次召开专题会、现场会推进街区建设，我们也一直在积极对接区级部门、在地高校、区域单位、"两新"企业等资源，不断提升街区发展能级，推动复旦大学、上海财经大学、哔哩哔哩、交通银行等19家企事业单位成为"街区共创合伙人"，通过空间共建、阵地共治、项目共促，让各单位有平台有机会发挥各自优势，将资源荟萃到街区建设和运营中来。

在设计阶段，以链接促规划能级提升。我们街道注重发挥"三师三顾问"高校智库的资源优势，主动链接同济大学、上海理工大学等专业力量，把最先进的设计理念应用到满足居民群众最接地气的需求中，以高标准设计推进睦邻街区建设。在运营阶段，以联动促服务能级提升。我们充分利用各区域单位优势资源，围绕人民城市、便民服务、公益宣传等主题，构建多层次多样化活动体系，以优质活动供给提升街区整体服务能级。譬如学悦风咏书社

复旦大学志愿者开展反诈进社区活动

作为人人讲堂运营方，每年邀请复旦大学、上海财经大学、杨浦区图书馆等单位的专家学者开展 100 场文化活动，让居民在家门口就能体验到形式多样的"文化大餐"。还有部分区域共建单位定期在会客厅开展公益服务，比如中和堂每周一为居民提供中医诊疗、财大法学院每周二提供法律咨询、财大外语学院每周二提供英语教学、交通银行五角场支行每隔一周的周五提供金融知识科普等，人人会客厅已形成"周一中医诊疗、周二法律咨询/英语教学、周三绘本阅读、周四摄影教学、周五金融科普"的体系化活动矩阵，居民在家门口的"会客厅"就能享受到优质多元的便捷服务。此外，我们还以"人民城市，美好生活"为大主题举办季度特色活动，每个季度再聚焦不同主题的"小切口"，成功举办"社区美食节""美好生活节"等特色活动。

"人人系列"公共空间是全市首个建在菜场旁的党群服务阵地。有组数据我记得很牢，就是公共空间的平均每日到访量为 450 人次，最高时达到 1375 人次，真正成为居民"家门口的好去处"。国定支路睦邻街区被评为"2023 年全国社区党建创新入围案例""第六届中国（上海）社

会治理创新实践提名案例"，同时还成为了中国浦东干部学院现场教学基地、复旦大学"强国之路"思政大课现场教学基地、杨浦区民营经济人士理想信念教育基地。在国定支路睦邻街区建设过程中，我们不断优化完善工作机制，建立起定期例会制度，每月由我牵头召集相关职能科室举办现场推进会，听取当月工作进展汇报，指明下阶段方向，确保各项工作落到实处。街区能级提升只有进行时，没有完成时，我们已经谋划制作了《国定支路睦邻街区建设 3.0 方案》，正紧紧围绕街区面貌提升、街区管理提质、街区品牌塑造三大方向继续推动睦邻街区提能增效，让"家门口的好去处"更加贴心暖心。

擘画人民城市美景
打造品质公共空间

——祥泰木行旧址建设杨浦滨江人民城市建设
规划展示馆

汪路加

1990 年 11 月出生。现任上海仁宇社会事务服务中心党支部书记、主任，杨浦滨江治理联合会秘书长，上海市青年联合会第十三届委员会委员，杨浦区青年联合会第十一届委员会副主席，区社会组织促进会会长、区对外友好协会副秘书长。2020 年起，开始参与杨浦滨江人民城市建设规划展示馆的筹建。2020 年 11 月该馆开放运营后，带领团队全面承担起场馆的运营工作。

口述：汪路加

采访：周君毅

整理：周君毅

时间：2024年11月20日

2019年11月2日，习近平总书记在上海杨浦滨江考察期间提出"人民城市人民建，人民城市为人民"理念。2020年11月2日，在祥泰木行旧址之上，杨浦滨江人民城市建设规划展示馆（以下简称展示馆）应运而生。

杨浦滨江人民城市建设规划展示馆外景

祥泰木行，前身为山打木行，由德商创立于1884年，1902年购得今址将之发展为总栈。第一次世界大战前夕，英商接管了祥泰木行，之后便在中国的重要城市遍设分行，霸占了上海木材进出口市场半个世

市民捐赠的祥泰木行老照片

纪。如今，在老木行旧址建起的展示馆仍以木材作为主要建筑元素，外观看起来像个沐浴在阳光里的"木盒子"，延续了老木行的"基因"，馆内形态各异的木楼梯连通了不同的空间，形成了内外景观相通，自然与建筑相容的特征。祥泰木行焕新为杨浦滨江人民城市建设规划展示馆，折射出杨浦滨江由"工业锈带"蝶变为"生活秀带""发展绣带"的时代缩影。

我是土生土长的杨浦人，一直在这里学习、工作、生活，对杨浦有深厚的感情。我毕业于复旦大学的社会工作专业，在求学期间就积累了一定的社会工作实践经验。2013年，我秉持着"助人自助"的初心进入社会组织这个行业。2020年，区滨江办牵头筹建杨浦滨江治理联合会，我有幸担任了联合会的首任秘书长至今，也就此与杨浦滨江结下了不解之缘。与此同时，区里准备建设展示馆，我和团队闻讯后经过充分准备、积极争取，获得了运营展示馆的机会。之后，我带领团队根据区委、区政府要求，锚定打造一个高品质公共空间的目标，全身心地投入展示馆的工作之中。

务求实效形成优势做法

杨浦滨江人民城市建设规划展示馆承担着"思想引领的高地、宣传展示的阵地、干部教育的基地"的功能作用，具有重要意义。它既是人民城市理念的展陈空间，也是杨浦百年的工业印迹，同时还是杨浦滨江治理联合会（以下简称联合会）扩大"朋友圈"的重要载体。为把展示馆打造为近悦远来的高品质公共空间，我带领团队逐步形成了较为完善的经验做法，也取得了一定的进步和成果。

第一是坚持人民至上，打通到群众的"最后一公里"。一方面，我们团队利用馆内的人民建议征集平台，把感知终端延伸到群众身边，推动更多"金点子"化作治理的"金钥匙"，践行全过程人民民主。另一方面，以展示馆为依托，在区文明办的指导下打造杨浦滨江新时代文明实践示范带，组建"杨浦滨江红色志愿服务队"，广泛动员社会各界参与志愿服务，构建城市治理共同体。

第二是坚持自信自立，建设一个红色传播地。展示馆坐落于人民城市理念的首提地——杨浦滨江，还有着杨浦"四个百年"的红色资源和历史底蕴。我们团队利用这一优势，全力打造习近平文化思想最佳实践地、人民城市理念最佳实践地两个"最佳实践地"。比如说，与长三角其他三市成立共学共享党史资源联盟，在馆内的人民秀带直播间，开展党史云宣讲主题活动，让"一块红"连成了"一片红"。在人民城市理念提出四周年之际，我们协助组织人民城市理念研讨会，会上邀请中共中央政策研究室原副主任施芝鸿、中央党校原副校长李君如、哔哩哔哩董事长兼 CEO 陈睿等众多理论大家、行业大咖汇聚杨浦滨江，共同研讨人民城市理念。

第三是坚持系统观念，打造出一个品质会客厅。展示馆与滨江岸线的众多点位连珠成串，这些点位里有公共空间、互联网大厂、知名企业、医院、学校、社会组织等，我想不妨把各点位联络起来、交流合作。渐渐地，我们团队建立起了一个联席会议机制，实现参访交流活动全覆盖。随着字节跳动、哔哩哔哩、美团等头部企业相继入驻，新质生产力在杨浦滨江落地生根，我们以展示馆为阵地，将滨江岸线的开放合作、资源共享进一步推向纵深。

第四是坚持守正创新，探索这个空间更多的可能性。除发挥宣传展示的基本功能外，我们团队还注重更新展陈布局，2024 年 4 月，新民晚报"城市更新·海派影像"主题展在馆内开幕，同时举办了"专场读者日"，许多读者来这里听课参观。馆内还开展了"杨浦区庆祝中国共产党成立 100 周年学术研讨会""抗美援朝战争胜利 70 周年老兵读书会"等各类活动。此外，我们团队还尽己所能传递公益力量，把秀带咖啡吧打造为残疾青年职业见习基地，并将部分收益捐赠给上海市慈善基金会、上海市拥军优属基金会。经过活化利用，展示馆已经逐渐成为一个集历史记忆、理论学习、宣传教育、交流互动等各类功能于一体的高品质公共开放空间。

第五是坚持问题导向，我和团队始终秉持精益求精的态度改进工作。在服务接待上，完善了预约机制，为不同主体定制了会务配套和个性化的接待方案；在设施改造上，更新了数字展陈技术、增设了跌倒探测雷达。面对新情况、新问题，我们始终坚持高标准、高要求，让来馆的各位都能感到贴心和暖心。

第六是坚持胸怀天下，讲好人民城市故事。2024 年，墨西哥联邦众议院墨中议会友好小组主席、联邦众议员耶德科尔·波列文斯基一行，上海国际互动友谊营营员等外宾到访展示馆。"境外媒体记者对话书记（市长）系列活动"的全国首场活动也在杨浦滨江举行。我们团队为外国友人提供了中英文对照的翻译版本，并通过区对外友好协会等单位邀请外国友人来馆学习。希望能传播好中国声音，为提高国际传播能力出一份力。

精益求精绘就品质新景

要想运营好一个场馆，人才是第一资源，我一直坚持"选对的人，放对的位置，做对的事"，实现人才资源的合理配置。从接触展示馆这个项目开始，我就牵头组建了一支精干的工作队伍，派出专业社工担任工作人员，及时收集反馈意见、提升服务质量、整合优势资源、促进公众参与、扩大社会影响。我和团队还在馆内设置滨江岸线带领者、展示馆守护者、人民城市讲述者三个志愿者岗位，依托联合会会员单位以及复

学生团队参观杨浦滨江人民城市建设规划展示馆

旦大学等高校组建志愿者队伍，构建起社工＋志愿者的服务体系。

规章制度是组织管理的基石。作为团队带头人，我特别重视制度建设，确立起全面的人事管理、讲解、展馆预约、会场借用等各项制度，再依据现实情况细化工作流程、制定工作准则。比如安排专职人员进行不间断巡逻、制定详细的参访路线图和讲解稿、编写会务接待手册等，做好展示馆的各项保障工作。

做好宣传工作是联系人民群众的"法宝"。我带着团队开通了"人人馆"微信公众号，主要发布场馆介绍、每日参访、馆内活动、展陈内容等信息，注重呈现精品内容与创新表达方式，全方位、多层次、高质量地展示场馆的特点、展陈人民城市理念。

考虑到来访人员的餐饮需求，我们团队还培育了"秀带咖啡"品牌。为响应上海、杨浦对口帮扶政策号召，特别选取了云南保山咖啡豆、贵州遵义红茶、湄潭翠芽和福建三明的乌龙茶等优质助农产品，以体验式消费扶贫模式助力乡村振兴。另外，我们开发了百年滨江"建筑可阅读"等文创产品，传承杨浦滨江的红色基因和工业记忆。

一枝一叶总关情，一点一滴见初心。我和团队用"细心、耐心、责任心"，做到"能为、善为、有作为"，与展示馆共同成长进步，绘就了祥泰木行由工业遗存到品质新景的蝶变篇章。

展馆工作取得显著成效

近四年来，我和团队秉承让红色文化"活"起来、让建议渠道"多"起来、让社会资源"联"起来、让市民群众"动"起来、让空间功能

"复"起来的使命愿景，交出了一份精彩的答卷。

据统计，展示馆共接待全国人大常委会、中组部、中宣部等省部级单位团队 90 个，基层党组织团队 7000 余个；中浦院省部班 5 个、局级及处级班 10 个；市委党校培训班 68 个；民主党派团队 17 个、外事团队 14 个；开展各类会议 500 余场；参访总人数已近 90 万人次。展示馆成为干部群众理论学习的"充电桩"。

馆内的人民建议征集平台开设至今，已有 101 位金牌征集员，征集人民建议总数达 10092 条，其中有 1024 条转化落地。到馆调研的市人大常委会主要领导对这一特色举措予以肯定。展示馆已经成为践行全过程人民民主的重要阵地。

我还积极促进展示馆与联合会的深度合作，协助区委、区政府举办了"杨浦滨江全球推介大会"，组织会员单位举行了众多参访与合作交流活动，与各点位合力建设"空间无障碍创新示范区""国家文物保护利用示范区"等。我们团队发挥出社会组织整合资源的优势，促使滨江各方力量"心往一处想、劲往一处使"。

群众意见是一把最好的尺子。在运营过程中，有一件事情尤其令我印象深刻。2021 年，在党的百年华诞来临之际，一位父亲带着即将去国外留学的孩子从广东自驾千里到上海，专门来到展示馆参观，挑选了英文版的《习近平谈治国理政》让孩子仔细阅读。他满怀深情地对我们工作人员说："我想让孩子亲身体验一下我们党和国家为人民服务的理念，希望他能在留学时，把这些传播给外国友人。"我们深受触动，把这套丛书送给了这对父子作为礼物，希望他孩子在大洋彼岸，能带动更多人来了解习近平总书记治国理政的中国智慧。

我还记得今年第 44 届世界技能大赛冠军杨山巍带领集训队来馆参观

第 44 届世界技能大赛车身修复项目金牌获得者杨山巍团队参观合影

时，我们的讲解员在"杨浦故事"展区带大家回顾了他的追梦故事，杨山巍在留言簿上写下"中国技能　闪耀世界"几个字。

还有许多干部群众被我们团队邀请或自发来馆内宣讲。有"老杨树宣讲汇"的成员讲党史、讲理论，有抗美援朝老兵给后辈讲英雄故事，有"老杨浦"主动来做志愿者讲述记忆中杨浦的"前世今生"。我们致力于以各种创新形式弘扬主旋律、传播正能量，让红色文化浸润人心。

展示馆被授予中国浦东干部学院现场教学基地、中共上海市委党校现场教学基地、上海市爱国主义教育基地等称号，被新华社、解放日报、文汇报、新民周刊等媒体报道，充分体现了社会各界对展示馆的肯定。今年 4 月，上海人民广播电台主持人、中国播音主持金话筒奖获得者秦畅与《新民晚报》记者晏秋秋，以直播的形式游览杨浦滨江，到展示馆看展览、品咖啡、赏风景，称这里有上海人经常说的"腔调"，该场直播总点赞量超过 500 万。

规划升级续写蝶变新篇

2023年，区委、区政府推出"五个一"重点工作项目，旨在为市民群众提供一处集宣传展示、公共服务、共治共享、文化休闲等多要素于一体的综合性目的地，努力打造人民城市最佳实践地。

"五个一"项目中的"一馆"是建设上海人民城市实践展示馆，对现有的杨浦滨江人民城市建设规划展示馆进行全面提升，系统展示人民城市理念的内涵和上海人民城市建设的实践，打造宣传展示人民城市理念的重要阵地和窗口。2024年11月上海人民城市实践展示馆正式开馆，我和我的团队迎接新挑战，继续打造品质公共空间，续写滨江蝶变新篇。

上海人民城市实践展示馆外景

五年来，杨浦人民城市建设气象万千，作为杨浦人，我深感自豪，同时也尽己所能为家乡作贡献。接下来，我会再接再厉，脚踏实地地追求"诗和远方"，把杨浦滨江人民城市建设规划展示馆的运营工作"坚持做下去、做得更好"。

探索公园城市建设新模式
激发社区公园新活力

高国荣

1963 年 10 月出生。1984 年 10 月参加工作，担任杨浦区园林管理所工作科员，历任杨浦区绿化管理局绿化建设科科长、杨浦区绿化管理署署长、杨浦区绿化管理事务中心主任，现已退休。自参加工作以来一直从事杨浦区园林绿化的建设和管理工作。

口述：高国荣

采访：陈 丽 洪 艳

整理：洪 艳

时间：2024 年 8 月 22 日

20 世纪 50 年代至改革开放之初，我们杨浦仅有 6 座公园。1982 年 5 月，为贯彻中央关于开展全民义务植树等指示，成立了杨浦区绿化委员会，迎来了园林绿化新一轮的高速发展期。至 20 世纪末，新建了共青、民星、内江等 6 座公园，扩建了杨浦公园；进入 21 世纪，随着黄兴、四平科技、江浦等公园的陆续建成，以及街心花园、口袋公园等百姓身边的小型生态化空间营造的兴起，杨浦区域内被列入公园名录的城市公园已有 20 座（含市属公园 1 座、区属公园 19 座）、口袋公园 10 座，公园总面积达 254.05 公顷，覆盖全区 12 个街道，大大提升了老工业城区的生态环境品质和百姓对美好生活的获得感。

时代变迁，公园管理应时而变

自改革开放以来，市民百姓的生活质量不断提高，对生态绿化、美好生活的需求也在逐日增加，公园在现代城市生活中占据着越来越重要的位置，我愈发意识到新时代背景下的公园在功能、定位、服务对象、管理模式等方面都发生了很大转变：

第一，服务对象从零散个体到规模化人群。在城市建设中，公园从某种程度上讲是丰富百姓精神生活的"艺术作品"，也是青少年教育、成年人释放压力、老年人娱乐社交的重要场所。六七年前，在杨浦 10 余座区属公园内晨练的市民年均可达 1600 余万人次。我至今记得杨浦、惠民等公园在 1986 年以前常有个别戏曲爱好者调弄丝竹、曼声清唱于凉亭之中。后来，养鸟者见多，清晨除零星的拳操活动以外，许多鸟笼悬于树丛，画眉、芙蓉争鸣邀宠，为公园增添了不少人气，午后则有老年人自备桌椅于绿荫中，下棋玩牌自得其乐。有共同爱好的人们自发汇聚于公园的各个角落，逐渐形成了小有规模的活动团体。

第二，管理模式从收费到免费开放。我记得 1984 年 10 月内江公园建成开放，当时门券是 5 分钱。复兴岛公园 1963 年的时候门券是 3 分钱，1988 年 4 月改成了 5 分钱。20 世纪末到 21 世纪初，收费的公园逐步推行免费开放政策，不仅增加了城市的亲和力、吸引力，也使得公园走入万千寻常百姓家，让市民在家门口就享受到了美丽环境带来的生态红利。如今，公园已经不只是免费开放了，我们还逐步推行了夏令季节延时开放、24 小时全天开放，让广大市民得到更多实惠。

第三，功能定位从简单美化到多样化的"公园＋"。城市公园是城市的起居空间，是城市居民的主要休闲游憩场所。随着社会文化的进步和全民健身运动开展，公园也是传播精神文明、科学知识和开展宣传教育的重要场所。人们对公园的功能需求也越来越多样，如搭帐篷、围炉夜话、寻访"夜精灵"等，加之各类新奇花展、园艺集市等公园文化主题活动层出不穷，社区公园重新被赋予新生代的高品质人文景观艺术内涵和科技感满满的生态展示功能。

第四，公园布局从粗放到精细，再到主题拓展。杨浦的大部分区属公园创建时间比较久，自身的发展受到各个方面的限制。一些老的小型社区公园空间布局分区散乱，动、静区划分不明确，服务设施、安全保障设施不够完善，已经无法适应现代城市居民的活动需求。我还记得杨浦公园在20世纪60年代曾辟建动物园，豢养过猴、梅花鹿、孔雀、狮、虎等动物，2007年全园改造后就完全取消了动物园这部分区域，仅仅保留了一间用于野生动物临时收容救助的"三防"实验室。这是随着城市建设的发展要求，对地处城市居民聚居区的社区型公园布局及功能实施的优化。多年来，通过科学的规划设计，多轮的改造实践，才有了杨浦公园经典的仿西湖自然山水式布局，动物分区也变为了牡丹园、月季园、冬景园、荷花池、樱花林、红枫园等主题景观分区，更多的文化要素在公园中得到发掘、运用和表达。

2021年中国共产党成立100周年之际，复兴岛公园党群服务站、杨浦公园党群服务站相继建成，时任市委书记李强考察复兴岛公园党群服

改造前的白庐外景

改造后的复兴岛公园党群服务站外景

务站时指出：要牢固树立绿水青山就是金山银山理念……全力做好生态文章，加快产业调整、功能调整，积极建设开放共享、多彩可及的高品质生态空间。

彰显个性，用心打造公园的"园品"

在我们行业里，流行着一句话：园林绿化是活着的城市记忆，也是唯一有生命的城市基础设施。曾经，北京香山的红叶、武汉大学的樱花、南京梅花山的香雪海给无数游客留下了深刻的记忆。现如今，杭州太子湾公园的红枫林、扬州瘦西湖的桃红柳绿、宝山顾村公园的满园樱花都成为现代化大都市里无可替代的亮丽风景线，满足了市民对美好生活的向往和追求。

这些特色景点给了我很大的启发，如同"人多力量大"这句俗语所包含的道理，植物的特色和个性可以通过规模化的集群效应来展现。从2007年杨浦公园的全园改造到2009年"迎世博300天行动"的主题景点营造，从2017年创智天地绿化特色街区的"花街、花园、花墙"到2018年环黄兴公园外围绿道的"樱花烂漫""蓝色畅想""林下花境"和"桃红柳绿"四大主题，再到2019年进博会前夕在杨浦滨江实施的新型花境布置，均得到了各级领导、专家的支持和肯定，也获得了群众的认可和好评。经过几十年的探索实践和经验积累，形成了我在杨浦园林绿化建设方面一贯坚持的"一路一色、一园一品"工作理念和"因地制宜选主题、规模种植显成效"的工作方法，并将之运用到社区公园、口袋公园改造和道路绿化的新建改建中。

这里我重点讲讲印象最为深刻的两座公园改造的事情：

一座是杨浦公园。杨浦公园原名"控江公园"，始建于1957年初，原来是农田、池塘和居民小村落。公园采用江南园林传统建园手法，整体布局参照杭州西湖。1958年1月24日建成开放，先后经过5次扩建，全园面积达21.71公顷（水面3.2公顷），是一座以自然山水园林风格为特色的综合性公园，2009年又获得了市绿化市容局颁发的四星级公园称号。2007—2008年，市、区两级政府共同投资2500万元对杨浦公园进行了大改造，在不改变公园总体规划及空间布局的基础上，我们对公园的功能分区、交通组织、水系分布、绿化种植、服务设施等诸多方面进行梳理、调整、充实和提高。此次改造时秉持可持续发展理念，比如：修剪树枝，将其粉碎处理后，覆盖水杉林和园内郁闭度高的林下区域；废弃的花岗石我们重新利用作为嵌草石板；愉湖水域的二级驳岸采用废弃的市政侧石作为基础垫层；旧道板砖则用于果蔬园菜地的道路铺装；废弃的舒布洛克砖与混凝土透水地坪组合形成了荷花池边的树阵广场。此外，我们还根据公园不同区域的立地条件特点，结合中国传统文化要素，开辟了牡丹园、樱花林、冬景园、玫瑰园等专类主题园区。在2017年春季的植树活动中，又在公园东南角的健身步道区域（原赛车场）种植了100余株红枫，形成了红枫生态园，成为公园秋季新的观赏点。

另一座是复兴岛公园。复兴岛公园位于我区定海路街道，占地面积为4.19公顷。原是上海浚浦局体育会，建于20世纪30年代，抗战期间被日军占领，抗战胜利后归还浚浦局。上海解放后，体育会花园由港务局接管，1951年2月移交工务局，简单修整一番后于当年5月28日对外开放，并更名为复兴岛公园。园内存有一幢花园别墅（今称白庐，原为浚浦局职员俱乐部）。2009年6月，由市、区两级政府投资对复兴岛公

改造前的复兴岛公园内景观连廊

改造后的复兴岛公园内景观连廊，加入仿竹铝管格栅及屏风

园进行了全面改建，通过"保留、恢复、提升、整治"等手段，改建后的公园在景观上强化了具有一定日式园林特点的樱花林、心字湖和水榭，突出了具有历史意义的"白庐"，成为一座独具特色、充满历史积淀的静谧公园。2015年和2020年，在复兴岛公园的常规改造和美丽街区的改造中，我们又在心字湖的草坪区和苗圃区的道路两侧陆续种植了200余株早樱，并对原有的樱花品种进行了优化，使整座公园呈现出更为显著的"早樱花雨"特色，同时我们将面临共青路的实体围墙改造为透空围栏，使公园内部景观与街区景色互通共融，成为城市公共空间无界共享的初次有益尝试，为百姓所乐见。

除此之外，为了打造和突显其他区属公园和口袋公园的园艺主题特色，我们分别在各公园原有园容基底的基础上丰富和优化了公园"园品"。比如：黄兴公园将原有的"海棠林"扩展为"海棠带""海棠园"，形成了海棠文化品牌效应；延春公园以一棵杜梨大树和一园垂丝海棠营造出春色满园的梦幻花海；波阳公园种植了以各类八仙花为主题的林下花卉约 2000 平方米，成了人们争相打卡的八仙花主题公园；松鹤公园在改造中引进了以绿萼梅、朱砂梅为主的梅花品系，打造杨浦的"梅园"；民星公园引进了大量秋色叶树种如红枫、北美枫香等，结合园内原有的鸡爪槭等色叶树种，打造热烈如火的红枫主题公园；平凉公园则全园主打月季花主题，引种树状月季、球状月季、地被月季、藤本月季等多形态的月季品种 800 余株，向游客全方位展示植物"皇后"的多样魅力。还有河间路宁国路东南角的红蓝花园主打"美人梅"、昆明路的荆园主打"紫荆"和"穗花牡荆"、兰州路的双梅花园主打"梅花"和"蜡梅"……

无界融合，共促公园 24 小时开放

2018 年，习近平总书记在成都考察时提出了"公园城市"建设理念。随后上海根据"人民城市人民建，人民城市为人民"的要求，加快推进"十四五"期间公园城市建设进程。在此过程中，公园的无界化改造和面向全年龄阶层的 24 小时开放是重中之重。

之前，我已经说过新中国的公园经历了从收费到免费的过程，后来在免费开放的基础上，又逐步推行夏令季节的延时开放。从 2013—2017 年，陆续有 9 座区属公园经过设施设备的提升改造后加入了延长开放的公园队伍。仅 2017 年一年中，当时延长开放的 9 座区属公园就接待游客约 48 万人次。为了加强公园日常管理，我们制定了《杨浦区公园分类分级考核办法（试行）》，建立并完善"日检查、月巡查、季评估"制度，加强对公园养护、管理的巡督查工作。同时，我们推行专职园长和市民园长制度，2010 年上海世博会前，杨浦的区属公园已实现一园一长制度。

这些年来，我们通过组织园长参加各种园长业务培训、养护管理、技能比武等，不断提升公园园长管理水平和专业技能，充分发挥了园长在公园管理方与市民游客间的桥梁沟通作用。

2023年7月，时任区长在夏令热线的"区长一诺"中提出，公园开放是一件利民惠民的好事实事，今明两年杨浦所有区级公园将实现24小时开放，并加快推进拆墙见绿。

2023年10月31日起，杨浦18座区属公园全面实现24小时开放，成为全市区级公园24小时开放力度最大的行政区，引发社会、媒体的强烈反响，人民网、央广网等4家央媒及上观新闻、东方网等17家市级媒体竞相报道，获得市政府主要领导、市主管部门高度认可，并将城市公园24小时开放工作纳入了2024年市政府实事项目。

为了安全、平稳、有序地实现开放，我们会同公园所属的11个街道

身着汉服的游客在黄兴公园海棠林中漫步

召开了 11 场"一园一策"方案讨论会，分析各公园游客管理特征，制定针对性方案，对公园基本情况、游客行为、管理措施、应急响应等内容进行细化，明确各方职责，将公园的专业管理模式升级为社会共管模式。同时，由我们牵头，建立了政府职能部门间的统筹协调机制，涵盖区建设管理委、区文化旅游局、区应急局、区市场监管局、区体育局、区城管执法局、区城运中心、区公安分局、滨江集团、城投集团及 11 个街道等相关部门，全力保障公园 24 小时开放的实施。2023 年 10 月 23 日，我们在黄兴公园开展了"24 小时开放"应急演练，时长约 1 个小时，分管副区长、公安、应急等部门领导参加，反馈良好。

当然，公园 24 小时开放后也不可避免地出现了一些无法预计的新现象、新问题，譬如活动团队夜间噪声扰民、游客深夜酗酒闹事、通宵下棋、夜间钓鱼、留宿公园，园内流浪动物惊吓、追逐夜游市民等。一年来，公园管理部门也在积极组织协调街道、公安、城管、民政、残联、宣传等部门形成合力，共管共治，妥善应对 24 小时开放后带来的安全压力和管理成本。

在公园改造方面，从 2023 年 12 月起，延春公园和新江湾城公园陆续实施了拆墙见绿的无界化改造。延春公园拆除了沿靖宇东路和隆昌路一侧的围墙共计 220 米，新江湾城公园拆除了沿国秀路和政和路两侧的围墙 400 余米。改造后的公园和城市街区真正融为了一体，原本被关在墙内的风景亮了出来，更多的社区居民、游客、上班族更愿意在公园里穿行，既能赏风景，又可以无障碍通行，不仅实现了公园城市无界融合的核心理念，更是践行了人民城市理念。后续，我们还将陆续启动杨浦公园、黄兴公园 2 座综合性公园和工农公园、民星公园、波阳公园等 10 座社区公园的无界化改造，并在改造中融入数字化、智慧化平台建设及设施设备的升级换代，为今后公园 24 小时开放的管理养护提供技术支撑。

践行绿色发展，推动公园城市建设，打造美丽杨浦，是我们一直以来的工作目标，也是新时期经济社会发展的必然要求。我庆幸自己赶上了一个好时代，深耕园林绿化行业近 40 年。虽然我已退休，但仍坚持在劳模创新工作室继续发光发热。为杨浦的绿化事业培养出一批年轻的干部人才，是我目前最大的心愿和期待。

心怀"特殊人群"
创建高水平的无障碍环境

傅春辉

1951 年 12 月出生。原杨浦区肢体残疾人协会主席，现担任杨浦区无障碍设施建设督导大队副队长。一直以来从事残疾人工作，全程参与了杨浦"一江一河"滨水公共空间无障碍环境建设创新区项目建设。

口述：傅春辉

采访：徐　君

整理：徐　君　邹瑾娟

时间：2024 年 9 月 25 日

"城市有爱，生活无碍"是残障人士对美好城市的向往，无障碍环境建设直接决定着残疾人的生活质量，同时也决定着城市环境生活品质和服务水平。2021 年，杨浦区委、区政府启动了杨浦滨江无障碍建设工作，并将杨浦滨江空间无障碍创新区创建列入了 2022 年区重点工作项目，目标是打造设施齐备、功能完善、信息通畅、体验舒适的无障碍环境，促进残疾人的全面发展，让越来越多的残疾人平等地参与社会。

共享滨江空间，不能让特殊人群"掉队"

我今年 73 岁了，是一名肢体残疾人，从事无障碍环境建设督导工作已经 21 年了，我原是市残联无障碍督导总队队员，参加了全市各区无障碍环境建设督导检查工作。自 2013 年起担任杨浦区无障碍设施建设督导大队副队长，长期从事一线公共场所无障碍设施使用管理的督导检查。我也一直关注于打造残疾人友好空间。在杨浦滨江公共空间开展无障碍

宠物乐园（绿之丘东侧）改造前

宠物乐园（绿之丘东侧）改造后

环境建设就是要体现我们残疾人元素，将公平、参与、融合的理念融入其中，让残疾人等特殊群体切实感受到上海这座城市的温度。作为区无障碍设施建设督导大队负责人，我全程参与了杨浦"一江一河"滨水公共空间无障碍环境建设创新区项目，深深感到这是一项有很高挑战性的工作。

杨浦滨江的无障碍建设行动，还要从2021年说起。当时基层党组织开展"我为群众办实事"活动，共同探讨如何让杨浦滨江的设施惠及更多残障人士。为此，区残联五大协会的残疾人坐着轮椅、挂着盲杖来到滨江实地游览。逛了一圈后，我和残疾朋友们发现在如厕、饮水、参观等方面遇到不少问题。比如对于视障朋友来说，党群服务中心的位置不好找，里面丰富的展示内容也看不到；而听障朋友则发现指示牌太少，自己找厕所要很久，又不方便向路人询问……我和朋友们提出很多有价值的意见，比如设置语音系统、加装屏幕朗读软件、增设指示牌等。

通过这次经历，我更加感到要考虑每一个类型的残疾人的困难与不便。毕竟上海现有持证残疾人60.1万，包括了肢体残疾人、视力残疾人、听语残疾人、智力残疾人和精神残疾人。既然我们需要进一步创建和改善残疾人的无障碍环境，那就必须让杨浦滨江真正成为一处全人群友好的公共开放体验场所，所以我愈发意识到对滨江公共空间的打造一定要充分考虑特殊人群的需求。

共建无障碍滨江，倾听大家的声音

自杨浦滨江空间无障碍创新区项目启动以来，我亲眼见证并亲身经历了这个项目的每一步成长，多次受邀参与意见征询和现场踏勘体验，提出的不少建议和愿望也得到了采纳，使我倍感自豪能够为这个项目贡

杨浦滨江东方渔人码头防汛闸门改造前

献自己的一份力量。现在回想起来，有几件事至今记忆犹新。

比如 2022 年 8 月中下旬，区里开展"有爱·无碍，我的滨江不是梦！"——创建杨浦滨江空间无障碍创新示范区人民建议征集活动。记得当时我不仅自己参与，还发动残疾朋友一同加入进来。我当时提出，无障碍标识和导向标识的设立应该做到统一、醒目，我结合几次检查情况提出在重要的路口以及关键参观地点，需要明确提示哪里有无障碍厕所，哪里有重要参观内容的指引标识。同时要注意标识牌的设计必须考虑到低视力残疾人和老年人的需要，且整个滨江的各种标识在颜色和字形上都要做到统一。活动结束后，我从区残联那里了解到，这次征集活动共收集到建议 83 条，悉数被考量和采纳落地。针对我提出的关于标识牌的问题，还专门召开了座谈会，方方面面的有关人员充分发表了意见，经过讨论大家形成共识，推进了标识牌的落实。对这个结果，我特别高兴，没想到有这么多热心市民关注和期待无障碍环境建设，更没想到这些建议这么快就被采纳并转化到滨江无障碍建设工程当中。

杨浦滨江东方渔人码头防汛闸门改造后组图

还有一件事就是《杨浦滨江公共空间无障碍环境建设导则》(简称《导则》)的制定。当时区里请了无障碍环境研究专家学者参与建设规划，我也受邀参与了几次研讨。记得其中有一次，我受区残联理事长委托，参加了一场高规格的滨江无障碍环境建设座谈会。会上邀请了上海无障碍环境研究的一些知名专家学者参与，有同济大学原常务副校长伍江、市无障碍推进办专家组的祝长康，还有市专家组专家、同济大学教授潘海啸等人。为了能让滨江无障碍设施更接地气，我也结合多年的督导工作和残疾人工作经验在会上发了言。我的发言主要概括为"一查二看三通过"，"一查"就是查无障碍厕所。我记得中国肢残人协会老主席徐凤建曾经说过，许多坐轮椅的肢残人之所以不愿意出来，是因为他们如厕困难重重。所以我觉得我们滨江的各类无障碍设施中，无障碍厕所是非常重要的，因此提出"一查"就是要查无障碍厕所，查什么呢，通俗地讲，应该做到满足"三个来"，即一是"进得去出得来"，也就是门的开幅一定要让轮椅进出自由；二是"上得去下得来"也就是坐便器的设置和扶手的安装，要方便坐轮椅的残疾人转身和上下；三是"有困难叫人来"，也就是当突发情况时可以通过呼叫按钮叫人过来。"二看"就是要看我们滨江在信息无障碍方面的改造情况，主要是看有没有满足聋人和盲人需求的电子显示屏、语音提示等装置。例如在重要的路口和参观场所，提供导向标识的同时，也应让听障和视障的残疾人能同时获得这些信息。"三通过"就是逐步让整个5.5公里的杨浦滨江南段岸线都能做到让乘坐轮椅的残疾人自由畅行。这次会议以后，又通过民意征集、相关部门意见征询等，不断完善改进，最终完成了《导则》的编撰。这份重要的指导性文件对坡道坡度、扶手高度、盲道设置等细节均做出了规定，这让我们之后对无障碍环境建设的督导可以更加得心应手、有依据可循。

《导则》发布后，区里开始逐步改造和完善杨浦滨江的无障碍设施。我清楚地记得，2022 年 7 月 13 日区里召开了杨浦滨江空间无障碍创新区示范段现场踏勘会。那天，我作为残疾人代表也去滨江进行现场踏勘。我挂着拐杖，和各个建设单位的同志一起顶着大太阳，一步一步沿着江岸向前走，大家脸上都满是干劲，最终我们确定了示范段范围从怀德路至明华糖厂，共 1.2 公里。

注重雕琢细节，各项设施更人性化

在滨江无障碍设施改造过程中，区残联充分考虑听障、视障、肢残等特殊人群的需求，邀请了各类残疾朋友来体验并听取意见，确保设施改造规范到位、细节周全。我配合着区残联的工作，多次在滨江开展无障碍环境建设督导以及督导培训。培训内容包括设施设计标准、无障碍

杨浦滨江景点盲文解说牌

杨浦滨江人民城市建设规划展示馆东侧雨水湿地增设无障碍坡道及座位

设施维护管理、与残障群体沟通技巧、无障碍环境建设政策法规解读等课程，全面提升督导队员业务能力。通过对滨江区域内的无障碍设施进行督导检查和及时整改，致力于保障区域内无障碍设施的完善与合规。

比如督导中发现滨江的户外大屏对于坐轮椅的肢残朋友们来说，要点到屏幕上面的那些选项可能比较困难，对此我们督导大队建议把选项放在屏幕靠下的部分，这样一来即使是坐

杨浦滨江户外服务屏（绿之丘）体验

轮椅的肢残人士也可以轻松点击。又如户外饮水机，我们队员们一致建议设置专门的低位饮水口，方便特殊人群取水。

还有一次是我们督导大队专门对滨江所有公厕的无障碍设施进行检查，发现这些公厕的无障碍设施都缺一口气，不是缺少安全扶手，就是缺少无障碍标识；不是进出口存在高差就是内部没有残疾人报警装置。因此，我们提出滨江的无障碍厕所改造一定要严格按照国家无障碍改造的设计标准进行。经过几次督导检查，现在滨江的无障碍厕所情况已经基本能满足残疾人和老年人的需要，尤其令人高兴的是还新建了一座完全达标的无障碍厕所。这座厕所无论是内部的各类无障碍设施还是外墙贴面色彩，都让人耳目一新。

区残联在绿之丘内建设了阳光综合服务中心，为残疾人及特殊人群提供残疾车停放、轮椅拐杖租借、电子展示、语音导览器租借、手语翻译服务、无障碍卫生间、志愿者预约服务等综合服务。作为督导大队负

责人，每一项服务我都亲身体验过，能够感觉到我们残疾朋友在滨江游览更顺畅了。比如语音导览器，它是专门提供给视力残疾人的，通过佩戴特定的导览耳机，走到每一个点位，耳机里都会有人声介绍，这样即使是视障人群，也可以了解到杨浦滨江的景色。区残联还在绿之丘的咖啡馆建立残疾人实习基地，现在去那边可以喝到我们残疾朋友做的咖啡。这些细节让我们残疾朋友在杨浦滨江这个空间，真真切切感到得到了充分尊重，得到了优质体验，感受到生活的美好。

2022年10月底示范段建设完成后，实现了残疾人、老年人等特殊人群的通行、信息、服务无障碍，受到市民群众尤其是我们残疾朋友的广泛好评。记得去年11月，我在滨江接待了上海师范大学附属滨江小学三年级一个班参观滨江无障碍设施。我向小朋友们介绍了滨江区域一系列无障碍设施的具体情况及其作用，现场给他们讲了什么是缘石坡道，为什么要设置缘石坡道，因为缘石坡道的存在，更是消除了道路的高差障碍，让轮椅和婴儿车能够轻松通行。还讲了盲道，盲道上那一道道凸起的线条，为视障人士指引着前行的方向。最有意思的是和孩子们的互

阳光综合服务中心轮椅租借处

阳光综合服务中心语音导览扶手

动，当我问孩子们问题时，他们都举着小手踊跃回答，小小年纪，思想活跃，很多问题的回答都是从他们的视角出发，虽然稚嫩，但都有合理的部分。通过现场讲课让孩子们对无障碍设施有更清晰的认识，在他们幼小的心灵中播下了关爱他人、尊重差异的种子。毕竟无障碍环境建设教育也要从娃娃抓起啊。

如今，杨浦滨江已然成为一个残疾人与普通市民都可以出行游玩的地方。回忆往昔，曾经我去调研时，那些残疾朋友们提到各自出行不便时候的心酸与渴望外出接触世界的表情犹在眼前，现在看看滨江这翻天覆地的变化，还有因为推行杨浦滨江无障碍建设而对残疾朋友们产生的帮助，真的让我觉得，这一切都是值得的，后续我会继续投身于残疾人工作，希望残疾人生活更美好。

智绘体育场馆
打造全民健身新场景

杨　寅

　　1986 年 10 月出生。2013 年进入杨浦区体育活动中心场馆训练部工作，现为区体育活动中心副主任。一直以来主要从事青少年业余训练及场馆开放管理工作，全程参与了区体育场馆智慧化升级工作。

口述：杨　寅

采访：张素雅　朱颖钦

整理：张素雅

时间：2024 年 8 月 22 日

　　在杨浦广大体育爱好者的记忆里，有着 70 年历史的杨浦区体育活动中心，承载着不少人的快乐与激情。它位于隆昌路 640 号，是包括杨浦体育场、杨浦体育馆及游泳馆等在内的综合性公共体育场馆。其中，杨浦体育场最为人熟知，它前身是 1953 年建成的沪东体育场，1958 年 6 月更名为杨浦体育场，2011 年至 2013 年进行过改建，是新中国成立后

杨浦区体育活动中心外景

沪东地区首先建成的综合性公共体育场，不仅举办过亚洲青年足球邀请赛、第五届全运会足球赛等国际、国内重大赛事，还是当年不少中小学开展运动会的场地。然而，随着时代的发展，原有的体育场地和设施已无法满足居民的健身需求和期望。区体育局因势利导，决定投入大量资源对区体育活动中心的各场馆进行全方位升级改造，加快公共体育场馆设施数字化转型，打造智慧场馆数字化服务场景。

我从小就在杨浦区体育活动中心羽毛球馆训练，长大后又在这里工作，这里有我的青春记忆，也见证了自己的成长之路，我对这里一直有特殊的感情。因此在 2023 年 3 月区体育活动中心改造之际，当时我作为中心副主任主动参与到该项目之中，负责分管场馆智能化改造工作。

科技赋能，创建运动健身新场景

一段时间以来，我经常利用训练结束的空余时间，巡查整个场馆，主动与来场地上锻炼的市民沟通交流，询问他们的健身诉求和遇到的不便之处。当得知市民在跑道上跑步时苦于没有智能化计步设备，只能携带手机刷数据时，我当时就萌生了场馆智能化改造升级的念头。事后我与同事们、与场地运营方主动对接沟通，与专业设计团队、施工单位进行深入研讨和规划，并结合现代体育场馆的发展趋势，才逐步明确了智能化场馆升级的方向和目标，促进健身场地满足各类人群参与体育健身活动的需求和特点。

智慧步道是此次改造的一大亮点。我们在体育场外围新建了一条市民健身步道，并配备了 AI 智慧互动大屏。工作人员和我讲过一件趣事，大概是 2023 年 10 月，一对夫妇送儿子到我们区体育活动中心上篮球课，夫妻俩想利用等孩子上课的间隙锻炼身体，于是加入了夜跑的队伍。跑着跑着，夫妻俩发现了这块智慧大屏，然后就扫码注册登录，可以同时在手机和互动大屏幕上查看实时更新的日、周、月运动数据与"PK 排行榜"。又跑了几圈，夫妻俩看到他们的运动数据被清晰地记录并显示在大屏幕中，包括消耗热量、能量代谢、运动里程、运动时长以及运动排名等信息，还能看到时间、天气、PM 值、步道缩略图等跑者关心的数据。夫妻俩对我们工作人员说："这个太好了，把走路、跑步这些枯燥的运动趣味化、娱乐化，新鲜、有趣。"

我们还在步道上设置装有 AI 智能识别杆的智能数据采集站，通过人脸识别和体感控制技术，采用运动步频算法，对范围内运动者的运动数据进行实时运动轨迹有效分析。运动者无须佩戴任何电子产品，就能获取运动速度、里程、时间等数据，同时 AI 还能根据数据分析为用户制定科学的运动计划。

除此之外，我们区体育活动中心携手场馆运营方还重点对足球场、

智慧步道

室外篮球场

室外篮球场、多功能训练馆等区域翻新并加装智慧化设施，在视觉体系、管理模式和服务标准等方面，力求为市民呈现集智能、便捷、活力于一体的运动新空间。比如我们在日常管理中发现室外篮球场区域除了吸引篮球运动爱好者外，还成为深受附近市民青睐的"社交场"。于是，我们决心将这里打造成集运动、潮流、社交于一体的沉浸式运动空间，通过加装闸机、铺设彩色场地路面及翻新改造围网，既提高了篮球爱好者在运动过程中的安全性，又使他们获得更好的视觉享受。围网上张挂的卡通人物运动形象和诙谐有趣的流行运动语，也给在此休憩、社交的市民带来更轻松、更快乐的新氛围。

智慧升级，打造场馆建设新空间

在完成了外围智慧跑道的改造后，我又和同事们一起投入老旧游泳馆的全方位升级中。记得住在附近的游泳爱好者钱女士一直吐槽游泳馆储物管理的繁琐程序和不便捷。针对这一问题，我带领团队走访了其他区新建的游泳场馆，学习考察他们先进的管理经验。回来后，我们决定为游泳馆装配智能储物手环，让储物变得更加便捷和安全，泳客再也不用担心钥匙丢失或物品被盗。同时，为了解决传统的人工看守检票的弊端，在我的建议下，改造用无人值守的智慧闸机取代了人工检票，市民只需轻松一扫，即可快速通行，大大提高了入场效率。

为了解决游泳爱好者担心泳池水质安全性问题，我们团队与运营方协调沟通，完成了泳池水质检测系统的全面升级，每15分钟进行一次水质实时检测，并将检测报告实时投放于入场口大屏幕上，公开透明地向市民展示泳池水质环境，确保水质始终达标，为市民提供一个清洁、健康的游泳环境。

此外，为了给泳客的安全加上一道坚固的防线，在我们团队的一再要求下，运营方橙狮体育引入了AI防溺水系统。这套系统采用视频＋红外原理，在泳池上方架设四个枪式红外双目摄像机，可以将泳池视频实时上传到云端，为监看大屏提供多泳道、多角度、全范围图像和数据。有了这套智能系统，如果泳客在水下时长过长、泳姿异常或出现人体体温与环境温差变化等情况时，即可触发警报。

AI防溺水系统启用以来，的确发挥了预期的作用。我印象比较深的是有一天上午大概10点，当时有很多孩子正在泳池内游泳。突然，屏幕上一位孩子的方框标识变成了红色，我们救生员的手环同步收到报警，显示在6泳道2米处的泳客存在溺水风险。救生员立刻来到泳池巡查，发现这名孩子由于在水下时长较久，体温和环境温度的温差加大，加上某些错误的泳姿近似溺水的动作，因此触发了警报。在这套AI系统面世之前，市面上常见的防溺水装备是一种在泳帽中安装芯片的可穿戴设备，由于准确度不够等因素，普及率也一直不高。而现在，AI防溺水系统能

改造升级后的游泳馆

够根据设置，在3—30秒的时间范围内自动快速发现、定位、识别、放大、判断溺水者和疑似溺水者，并及时向救生员发出震动警报，提示需要重点关注的具体方位，大大提高了救援的预见性和实效性。

作为杨浦区的老牌游泳馆，这里的泳客中，老年人和孩童的比例很高。在增配了保障安全的高科技辅助手段后，泳客们纷纷竖起了大拇指。如住在附近的张先生，每天要来这里游泳锻炼，他感叹道："现在不仅有救生员看护，还有AI系统辅助，我们老年人来游泳更安心了"。我们的救生组长也表示，AI防溺水系统能够很好地辅助救生员识别水里的突发事件，能更好地保障泳客的生命安全。

通过智慧化升级，我们区体育活动中心游泳馆成为沪上场馆智慧化改造、AI功能升级浪潮的"排头兵"，打造了场馆建设新空间。

历经半年全方位、智慧化升级改造后，我们区体育活动中心各功能区域自2023年8月1日起陆续对外开放，8月8日完成全业态开放。全面开放一年多以来，累计吸引了58万人次的市民前来健身（数据截至

2024 年 8 月）。改造后的场馆充满了新的活力和生机，人们在这里尽情挥洒汗水，享受运动带来的快乐。

杨浦区体育活动中心承载了我们几代杨浦人关于体育的美好回忆，现在走进这座经过全方位、智能化升级的运动天地，不禁感慨万千，老场馆焕发了新活力，相信必将引领杨浦新一轮的运动风潮，逐渐成为周边市民日常运动休闲的好去处。

杨浦体育场改造前旧貌

杨浦体育场改造后新貌鸟瞰

体育是提升市民群众获得感、幸福感最直接最有效的途径之一，能在杨浦区全民健身事业中贡献自己微薄的力量，让我倍感荣幸。展望未来，我将继续锚定体育事业高质量发展的新定位、新要求、新任务，以创新为动力，以服务为宗旨，努力为人民群众提供一个全新的健身场景，让运动成为更多人生活中不可或缺的一部分。

历史风貌
魅力重塑

重现历史风貌
重塑文化地标

劳汜荻

1965年5月出生。毕业于清华大学建筑系，先后在上海民用建筑设计研究院（后更名为上海建筑设计研究院）、上海原构设计咨询有限公司担任主任工程师、副总建筑师、总建筑师、副总经理等职务。2016年起，任上海民港国际建筑设计有限公司总建筑师。负责主持杨浦区图书馆等保护建筑的修缮改造工程，在项目规划设计、报批报建、进度控制、成本管理、施工协调等方面有着丰富的项目管理实践经验。

口述：劳氾荻

采访：应舒雯

整理：叶　帆

时间：2024 年 8 月 23 日

我从事建筑方面的工作已经三十六年了，记得上大学那会，老师在课堂上曾经讲"不到 40 岁，不要称自己建筑师，40 岁之前只管天天学，40 岁之后再判断想不想做大师"。当时，几乎所有同学都对此不屑一顾，现在看来，的确是至理名言。因为建筑设计需要学习的东西太多了，不仅需要专业知识，更需要多方面的内在修养；如果修养不够，作品就会流于表面，成为生搬硬套或粗暴揉捏各种风格的山寨货。

就拿杨浦区图书馆修缮扩建工程项目来说，它在城市更新范畴中是比较独特的案例，对其保护治理需要巧妙地协调历史文化遗产的保护与更新、传承与发展的关系。作为这个项目的总设计师，我秉持着"基于现状，最大程度地保护和利用；源于尊重，最优方式的更新与再生"的设计理念，带领我们团队修复留存建筑，并以董大酉先生的设计草图为意向参考，完整展现其"中国复兴式"建筑的历史特征与建筑风貌，还要顺应时代背景、城区愿景，考虑现状环境条件及分期建设需要，在有限的空间内达成杨浦区图书馆在新时代的功能定位。

建筑溯源及焕新过程

我记得第一次去实地踏勘后，心里就百味杂陈。当时图书馆的主要建筑虽然外貌还算风韵犹存，但已伤痕累累，室内颓垣废井，作为图书馆的功能早已不复存在，老建筑也不复 20 世纪 30 年代初的秀美风姿。建筑物周边的违章搭建更使董大酉先生当初想要体现的文化象征踪影难觅。

之后，我们团队通过查阅档案资料了解到这幢建筑前身是旧上海市图书馆，建造完成于 1935 年，迄今已有近 90 年的历史，当时作为旧上海市政府推行的"大上海计划"中心行政区内重要的文化建筑由留美建筑师董大酉先生设计，建筑平面呈"工"字形布局。在设计之初，董大酉先生就预留了充分的扩建余地，并绘制了扩建完成的效果图，从图中可以看到扩建后平面将呈"井"字形布局，面积可增加两倍。1937 年全民族抗战爆发后，旧上海市图书馆被日军占领，图书损失殆尽，一度沦为日本人的养马场。日伪时期曾被用作市政公署。抗战胜利后先后被用作警察局、同济大学新生部及同济中学教室、宿舍和体育活动室等。进

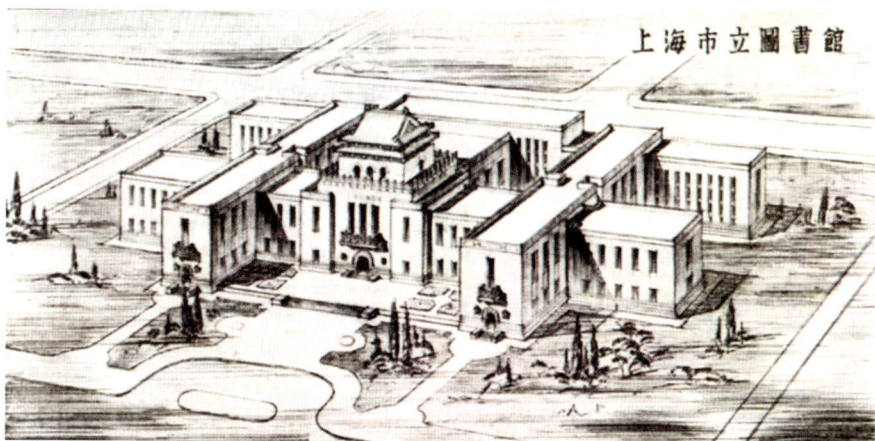

杨浦区图书馆历史效果图

入 21 世纪后，这幢建筑逐渐闲置。

直到 2012 年 9 月，杨浦区政府明确将旧上海市图书馆建设为杨浦区图书馆新馆，并将新馆建成区级公共文化地标性建筑。受项目资金及周边居民私房动拆迁进度影响，项目分为两期建设。我记得修缮扩建工程一期项目于 2013 年 2 月获得立项，2015 年 4 月开工，2017 年 7 月完工后通过验收，一期包括：对现状建筑进行修缮保护，并在其南北毗邻扩建三翼——东北翼、东南翼、西南翼和地下室。二期工程是 2018 年 1 月开工，当年 9 月完工后通过验收，二期为西北翼的扩建，2018 年 12 月杨浦区图书馆整体正式对外开放。

重现历史风貌

我们团队根据遗留下来的少量原始信息，比对旧的图纸和历史存档中的照片，不断剥开层层历史信息，一点一滴理解设计意图，在重现建筑物历史风貌的同时进行了扩建，实现了董大酉最初设计的"井"字形布局构想。整个修缮过程主要围绕外立面修复、门楼修复、室内修复、结构加固、设备更新五大部分进行，其间我们团队攻克了诸多难题。

我先说说外立面修复。由于混凝土挂板损坏严重，强度不够，且墙体疏松，建筑物外立面存在严重的安全隐患。经过现场多次论证后，我和团队确定了外立面仅保留须弥座与上部压顶部分，而中间的混凝土板被全部更替。重新制作混凝土板的过程也经过数十次的研讨和比对，新制挂板采用与原挂板相近的材料、配方和手工艺制作。

门楼的修复是一大亮点。整个修复过程自上而下，先完成上屋檐，

修缮前的门楼

修缮后的门楼

再完成下屋檐修缮。当时，屋顶大部分琉璃瓦釉层脱落开裂，部分瓦片缺失或长满青苔。拆除琉璃瓦后，我们团队发现原挂瓦钢筋锈蚀严重，屋面漏水点及露筋较多，屋脊有多处断裂及缺失。因此对门楼屋面、屋脊裂缝先进行修复，把现有屋面凿除，重新增设防水保温层及排水系统，再铺琉璃瓦。为避免管线破坏建筑外立面的效果，我们将落水管移至门楼室内四角，设四根假柱子包裹住所有管线，在室内难以察觉。门楼正脊、垂脊和戗脊端部点缀着的吻兽、走兽、仙人已脱落丢失，我们团队请了专业厂家按现场遗留痕迹，同时比照同一时期建设的博物馆和清代官式建筑的一般做法进行修补和增制。此外，两面损坏较小的山花板和博脊，加以修缮后被完整保留下来。

室内空间则以一、二楼门厅为重点修复部位，尽可能恢复原有踢脚、柱子、墙面、梁枋彩画及天花彩画等特色装饰。原建筑门楼室外的双层屋檐下的飞椽、斗拱、垫拱板及角梁，室内入口大厅、一层入口大厅、杂志报纸阅览室，二层的展览厅、借书室及目录室以及两侧的公共走道的天花和梁枋，均绘有彩画，是图书馆极具特色的装饰元素。我和团队成员对比历史遗存和历史照片后考证，一、二层外厅的梁枋彩画样式主要为方心式旋子彩画，方心为法轮吉祥草（简称轱辘草），找头为具有明显旋子花特征的勾丝咬找头。里厅的梁枋带有明显的和玺彩画的格式及图案特征，由折线形的圭光线划分各部分。孔雀门处的垫板采用苏式彩画中的海墁式吉祥草彩画，天花采用金琢墨寿字天花彩画。我们团队请了10多位拥有30年经验的专业古建筑彩绘画师，根据彩画设计要求及传统做法，历时半年对整个图书馆内近2000平方米的彩绘进行绘制。天花彩画分为两种，一种是直接在天花板上画彩画；另一种是将彩画画在夹板上，之后再贴到天花板上。图书馆的彩画施工同时涉及这两种，修复过程参照原始构造和工艺。所有梁上的彩画及外立面的彩画都采用梁上打谱以后直接绘制。藻井内的彩画和枝条上的燕尾均是在底下做版，画好贴上去的。

再讲讲令我印象深刻的孔雀门的修复。图书馆一、二层的内外厅各由一扇镂空锻铁门分隔，门格栅造型分为上下两层，上层为一整幅一只开屏的孔雀，样式精美。下层为六扇可开启的门扇，图案为六只亭亭玉立的孔雀，因此称为孔雀门。修复前一层的孔雀门底层门扇已被拆除，

修缮前的孔雀门

修缮后的孔雀门

仅余门洞顶窗扇。二层孔雀门整体性及外观基本完好，仅有轻微形变、损坏和锈蚀。我们团队把二楼的孔雀门拆下后，送至工厂重新矫正、修补，使得整体修整如初，所有铰链等皆能活动自如。一楼仿照二楼的保留门扇样式及材质翻造孔雀门，外部刷绿漆再飞金粉，以做旧的手法在色泽、观感上表现孔雀门的历史沧桑感，且可除锈防锈。如果有机会走进杨浦区图书馆，我建议大家不妨做个有心人，对比一下新古两扇门的细节，可以发现二层的原件以铆钉把铁铆在一起，但一层则直接由钢板切割成形，没有二层原物手工的印记，图案的线条也没有二层原物手工锻制的来得生动有弹性。

扩建部分的设计，我们以"协调"与"可识别"为两大原则，即扩建部分在建筑立面和形体关系上与老建筑保持协调，延续老建筑的形式、高度、比例，而新旧部分在外立面的材质、门窗、细部上则有其可识别性。比如扩建部分的墙体与老建筑呈同质异构，填充墙均采用200毫米

修缮后的二楼前厅全景

厚的混凝土小型空心砌块，外挂装饰混凝土外墙板，与老建筑的干挂混凝土板原材料相同，故两者色调和质感相似，但是风格则完全现代。又如外立面的开窗形式同样参照了老建筑竖向长窗的韵律与节奏，但面向内庭院局部采用大面积落地玻璃窗的形式，既不影响四个主立面的形象，又增加了室内的自然采光，体现新时代建筑的特征。

此外，鉴于新建筑与历史建筑的距离较近，为减少对原有基础的扰动，围护形式我们团队采用 CSM（铣削深层搅拌技术）工法桩，从西北侧角向东推进。基坑周围做止水措施，坑外设置 9 个地下水位检查孔，施工现场还准备约 200 根圆木琵琶撑，搭设在顶面易开裂和易变形处等关键性部位，从而确保老建筑原有结构的整体性。令我们自豪的是在整个施工过程中，设置的沉降监测无一次报警。

重塑文化地标

我常常对单位的年轻建筑设计师说："这是一个瞬息万变的年代，世界将大不同，必须勇于接收、学习新事物和新知识。"图书馆学家吴建中先生说过这样一句话：图书馆具有永恒的意义，但永恒并不意味着静止。建筑师留下的是一幅象征永恒的画，而图书馆人要做的，是让这幅画饱含生命和意义。

记得时任杨浦区文化局领导和区图书馆领导在和我交流时，多次提到如今图书馆已从基于图书、注重"藏"与"用"的第一代、第二代图书馆，迈向基于知识、注重"交流"与"共享"的第三代图书馆。希望在设计时，不仅能满足文物保护及规划交通等各级主管部门的要求，更能满足现代图书馆的各项指标要求，实现由原来的"文献藏阅中心"向"学习支持中心"转型。

于是，我们设计团队参观了浦东图书馆和青浦图书馆等市、区级图书馆，对当代上海图书馆的办馆理念和功能定位的转变有了直观的印象，最后与杨浦区文化局及杨浦区图书馆一起量身定制了符合老建筑格局的设计任务书。

由此，我们在做整个建筑内部空间的设计时，根据"多功能服务实践，多维度信息供给"的当代图书馆理念和功能需求进行设置，旨在为读者提供多元化的共享空间，以满足不同的受众群体的要求。图书馆的地上建筑面积由原来的 3700 平方米扩增至 10200 平方米，根据新老建筑的空间高度和结构承载的特点安排适宜的功能，重新组织内部流线，将建筑空间划分为文献借阅、数字服务、展览展示、主题活动四个功能

修缮扩建后的杨浦区图书馆外景

区，并按具体业务需求为每个功能区设置供阅读体验、学习讨论、学术交流、专业会议、演讲报告的多元服务空间。同时新增设置约 4000 平方米的地下空间，布置有藏阅一体化的书库及地下停车库。这些增设的面积既是对旧上海市图书馆功能的完善和补充，也为地面室外环境的美化整治提供了基础条件。建设是发展，保护也是发展。虽然整个图书馆的外貌保持原状，但其内核却是新的，在保持老建筑原有墙体和结构基本不变的前提下，在内部植入新的功能，与新建部分一同完成杨浦区图书馆的当代转型，重塑这座文化地标。

另外，我们在做总体景观设计时摒弃高墙大门的形象设计，不设围墙，开放街区，尽可能采用保证视线通透的大树加草地的手法，辅以泛光照明，使建筑四个立面及轮廓线无论白天夜晚都得以完整呈现。通过上述这些新旧并举的更新举措，从空间设计、功能完善、设施升级、室外环境及文化内涵等方面进行了再创造，烘托出这座富有中国传统特色的文物建筑的历史氛围和人文情怀。

2019 年 9 月，杨浦区图书馆邀请我到馆里做《如果房子会说话》讲座。在讲座间隙，我听到了不少读者对新馆的感受，他们中有老有少，有的是住在附近的老读者，非常高兴地看到百年老建筑焕发青春，感受到了室内环境的舒适静谧，也赞叹外部环境的整洁通透；有的是从市区其他地方慕名赶来的读者，他们惊讶地看到在上海还有着"小故宫"式的宝藏建筑；还有的读者对走廊里布置的修缮过程的展板称赞有加，也为上海这座城市有着这么多尊重历史、传承文化的仁人志士而感到骄傲。

我始终坚信，杨浦区图书馆的修缮扩建不仅仅是建筑物质环境的改善提升，还有着更广泛的社会、文化、经济意义，从某种程度上说是重塑了杨浦的文化新地标。

扫净尘埃焕新春：
从废置旧居到"信仰之源"

复旦大学档案馆团队集体

复旦大学档案馆是复旦大学各类历史档案的管理部门，也是永久保存和利用档案馆藏的文化事业机构。复旦大学档案馆团队，在玖园爱国主义教育建筑群的修缮更新和活化利用中承担了展览展示和展陈文案的规划撰写、展品征集工作，在玖园爱国主义教育基地建成后，承担了场馆运营管理的工作。

口述：复旦大学档案馆团队集体（黄岸青　丁士华　周　律　钱益民

　　　刘晓旭　孟　瑶　陈启明　慕　梁　王建平　庄　璋　孔杰旦

　　　王立梅）

采访：刘晓旭　张嘉匀

整理：刘晓旭　张嘉匀

时间：2024 年 8—9 月

玖园的前世今生

　　国福路 51 号的三层小楼安静地伫立在杨浦区的一隅，外观带着岁月的痕迹。它的建筑风格独特，既有现代主义建筑的简洁线条，又融入了西班牙式的弧形窗和陶瓦屋顶，甚至还能见到一些中式装饰元素。虽然历经近一个世纪的风雨，这栋小楼依然保有它独特的韵味。20 世纪 50 年

1958 年玖园全貌（复旦大学档案馆馆藏）　　修缮后的玖园全貌

代，复旦大学党委决定购下这栋房子，作为陈望道教授的居所。

随着全国高校的大规模院系调整，我们复旦大学迎来了一大批学术大家。1956 年，学校决定为苏步青和陈建功两位教授各建一栋别墅，地点就在离陈望道寓所不远的地方。陈建功去世后，其旧居小楼的一层由中文系教授吴剑岚居住，二层则住着著名遗传学家谈家桢。两栋教授别墅在建成后配备了现代化的水电、卫生设施，厨房装有热水炉，卫生间配置了当时最新的马桶和浴缸，充分展现了党和国家对知识分子的关爱与照顾，以及我们复旦大学对学术大师的尊崇与关怀。

随着大师们溘然长逝，他们的亲属后人也陆续搬离原有居所。至 20 世纪 90 年代初，玖园区域进入闲置状态，基本无人居住和活动。历经近二十年的风霜雪雨，原本恬静美丽的"洋房住宅"区域日益破旧杂乱，完全失去了原有的风貌与魅力。

为了传承与展现我们复旦学术大师的风采精神与学脉风骨，重现玖园昔日的魅力风貌，抢救、保护并活化利用玖园丰富的红色资源和文化底蕴，我们学校从 2016 年起，决定分步推进玖园建筑群的保护性修缮和更新活化工程，力图将其打造为上海乃至全国新的文化地标、红色高地和爱国主义教育基地。

这一工作的起点，首先聚焦于国福路 51 号的三层小楼。2018 年是马克思诞辰 200 周年，也是《共产党宣言》问世 170 周年，学校党委积极谋划，抓住这样一个重要契机，结合习近平总书记在多个场合讲的"真理的味道"的故事，进一步讲好老校长陈望道翻译《共产党宣言》的故事，使其得到更加充分的传播、深入人心。当时，我们就筹划，将陈望道老校长的旧居修缮后进一步辟建成为一个既承载着深刻红色内涵，又温馨、亲切的展示场所。

该计划得到了上海市的大力支持，由市委宣传部和我们学校共同推进。陈望道旧居最终的修缮更新方案被确定改建为《共产党宣言》展示馆，馆内常设"宣言中译·信仰之源"主题展，详细介绍了《共产党宣言》在中国的翻译、传播及其对革命的深远影响。从此，"信仰之源"和"红色基因"穿越历史的沧桑重新印刻在复旦的校园文化生活中。改建完成后的陈望道旧居不仅是思想政治教育与爱国主义教育的重要场所，更成为激励我们复旦师生传承红色基因和优良传统的重要阵地。

2020年下半年，玖园二期修缮更新工程启动，苏步青旧居、谈家桢（陈建功）旧居开始进行修缮。这一轮次的修缮更新得到了校内外的广泛支持。杨浦区委、区政府在基础设施建设方面提供了重要帮助，民盟上海市委全程指导，上海市教育发展基金会则提供了专项资金支持。工程通过"大额小额齐头并进、政府学校携手共建"的方式，共募得捐赠款近1600万元。

修缮完成后的苏步青旧居和谈家桢（陈建功）旧居，与《共产党宣言》展示馆（陈望道旧居）遥相呼应，三者共同构成了"玖园爱国主义教育建筑群"，成为众多师生与社会公众瞻仰与学习的重要场所。

修旧如故　匠心展陈：玖园爱国主义建筑群的活化利用之路

玖园爱国主义教育建筑群的修缮工程秉持"修旧如故"的原则，在保护历史真实性的同时，注重还原建筑原貌并提升其展示和研究功能。通过《共产党宣言》展示馆（陈望道旧居）和苏步青、谈家桢（陈建功）

20 世纪 80 年代陈望道旧居（复旦大学档案馆馆藏）　2018 年修缮后的陈望道旧居（慕梁　摄）

旧居，展现"信仰""科学""爱国"精神的深厚交融，在介绍历史人物和事件的同时，兼顾展览的教育功能和互动性。通过历史资料、展品选择和空间设计的综合运用，还原了历史原貌，为观众提供一个深入了解复旦大学历史与文化的平台。

2016 年，学校开始修缮陈望道旧居，目标是恢复其居住时的原貌。由于建筑在长期弃置中损坏严重，修缮团队秉持"修旧如故"的原则，力求还原历史细节。为了确保修缮的准确性，项目不仅通过文物部门和专家的严格评审，还邀请了陈望道的老邻居协助回忆旧时的建筑细节。修缮中，甚至对一扇新更换的木门进行了做旧处理，以增强参观者的历史代入感。小楼周边的树木、草坪、水泥地面等环境细节，也都根据亲属、学生和老邻居的回忆进行复原。建筑内部的马赛克地板和日本进口瓷砖等细节也得到了最大程度的保留和修复。修缮团队使用照片建模等技术手段记录和研究这些原始材料，并在保持可识别性的前提下，采用与原材料相近的工艺修补缺损部位。整个修缮工程在保护文物真实性的

修缮前的苏步青旧居（慕梁　摄）　　　　　修缮后的苏步青旧居（慕梁　摄）

同时，也为其增加了宣传、展示和研究的功能空间。

2020 年底，玖园二期工程启动，修缮范围包括苏步青旧居和谈家桢（陈建功）旧居。施工团队对建筑损坏情况进行了全面勘查，并对历史构件的材料和工艺进行了取样分析。针对需要修缮的部位，采用保护性拆卸，保存有价值的历史构件。对木门窗、木地板和木饰面的细致修复，成功还原了 20 世纪五六十年代的居住感官效果，使旧居的历史原貌得以呈现。

建筑修缮活化了老建筑的机体，而常设展陈则试图活化老建筑的"灵魂"。我们团队本着对老一辈大师负责、对历史负责、对未来负责的态度，在玖园展陈的规划与设计上，匠心雕琢，精打细磨。

《共产党宣言》展示馆（陈望道旧居）的规划定位为全国最具权威、资料最齐全、影响最广泛的《共产党宣言》陈列馆，其核心主题为"信仰之源"。展馆不只简单展示《共产党宣言》翻译、出版和印刷等史料，更重点突出其传播和深远影响。通过展示《共产党宣言》对党内先驱、先烈，及国家领导人和时政先锋的影响，展现其在历史进程中的重要性。展馆内还展示了《共产党宣言》的精彩片段并进行解读，辅以相关的书画作品以增强展陈的视觉和文化深度。为了实现这一目标，我们学校联合市委宣传部、市教委、市委党史研究室，寻求相关红色展馆、博物馆等多方力量支持，从设计理念到文案结构，再到展品选择，力求在细节上做到精准还原与展示。

在展览设计上，《共产党宣言》展示馆的一层以陈望道翻译《共产党宣言》为核心，展示该书的历史来源、在中国的传播及其对中国共产党成立和革命进程的影响。通过陈望道传播马克思主义的事迹，展览进一步阐释了这一重要历史文献的现实意义。二层陈望道的生平展示也颇费心血。陈望道身份众多，经历丰富，交游广阔，与中国近现代史诸多大事都有密切关联。而展示空间仅有 100 多平方米。最终，我们团队的文案选取了两个"精华点"，一是陈望道与《共产党宣言》及中国共产党，二是陈望道与复旦大学。其他未尽的展示则用一两件展品留了一扇"窗户"，供讲解者和参观者找到自己的兴趣点，透过展品讲更多故事。2020年，学校再次策划了"真理之甘　信仰之源——纪念陈望道首译《共产党宣言》中文全译本 100 周年"大型巡展。展示馆内未能展现的陈望道生平，在此得以展开。

2018 年，《共产党宣言》展示馆建成后，我们档案馆即启动了玖园二期展示馆的展陈准备工作。团队成员结合过往的校史研究成果，对数学系和生命科学院的老前辈如华宣积、苏德明、乔守怡等做了大量口述资料采集，加上平时的校史研究积累，形成了"苏步青资料长编""谈家桢资料汇编"共 50 万字。撰写文案时，主笔们始终关注学术前沿问题，如青岛遗传学座谈会与"双百"方针的出台；整理校史上的关键时刻，如生命科学院的分合更迭及成立过程；考证时间地点人物，如毛泽东与谈家桢、苏步青的几次会面，苏步青到日本东北帝国大学留学的确切时间……在此基础上凝练出玖园二期展馆"爱国"和"科学"两个主题，形成 10 万字的初步文稿；再根据展示馆空间进一步分展厅撰写出 2 万字的文案；经历了几十个版本的打磨与雕琢，才有了今天展馆内呈现给观众的文字。

值得一提的是，两个新的展示馆展陈完毕后，我们档案馆将耗费大量心血搜集到的苏步青照片进行编撰并出版《苏步青画传》，此书收录了未在玖园陈列的档案 250 余件。

在苏步青旧居的展陈中，我们的文案团队以苏步青的多语言能力为切入点，展示了他从一个放牛娃成长为具有广阔国际视野的科学家的历程。通过展示他学习日语、意大利语等语言的故事，观众不仅了解到他在数学领域的卓越贡献，也体会到了他为祖国不断汲取知识的精神。同时，展览通过展出苏步青的诗词作品，体现了他作为一位科学家所具备的独特人文情怀。展览的设计巧妙地通过诗词与科学的结合，展示了苏步青丰富而多元的生活。

谈家桢旧居的展览则聚焦于"坚持真理，科学报国"的主题。展览通过展示谈家桢赴美留学的行李箱、他晚年劝说青年学者回国的故事，强调了他为祖国科学事业的无私奉献。我们的展览团队通过精心选择的

修缮前的谈家桢旧居（慕梁　摄）

修缮后的谈家桢旧居（慕梁　摄）

展品，巧妙地将谈家桢的一生与复旦大学的科研精神相结合，为参观者展现了一个充满情感和责任感的科学家形象。

另外，在玖园爱国主义教育建筑群的三个展馆中，互文性照片的巧妙运用极大地丰富了历史的叙述层次。譬如谈家桢旧居二楼的书房展厅内，就有陈望道的"背影"——1952年院系调整时，谈家桢从浙江大学调来复旦大学，身为校长的陈望道亲自去火车站迎接调来的学者们。这张照片的展示，既介绍了谈家桢的经历，又补充了陈望道旧居未能展开叙述的细节——陈望道在校长任上，为院系调整、安顿和团结学者，做了哪些事。又如苏步青旧居中多张大合影均有陈建功的身影——他们在日本东北帝国大学留学时便相识，相约学成后一起回故乡培养人才。毕业后，苏步青放弃日本的优厚待遇，回国至浙江大学数学系任教，而彼时的系主任正是陈建功。两年后，陈建功又主动将系主任的职位让给苏步青。从浙江到贵州再到上海，两人齐心协力，耕耘不辍，为中国数学科研和教育事业作出重大贡献。还有一张"重量级"的合影，陈望道、苏步青、谈家桢站在学校邯郸校区物理楼前，同框的还有朱东润、蔡尚思等著名学者。这也与玖园的大主题交相辉映：大师们汇聚成复旦大学人文和科学的星空。

这些交织在一起的照片和展品，构成了玖园展览独有的叙事网络。通过精心设计的展陈，历史在时空中穿梭，生动的细节和感人的故事让观众深刻感受到复旦人的精神和情怀。

弦歌不辍 "星火"相传：玖园爱国主义教育建筑群的育人实效

爱国主义是我们民族精神的核心，是中华民族团结奋斗、自强不息的精神纽带。修缮一新的玖园建筑群基本功能和长久使命是什么？一定是教育。那么其教育内容的核心又是什么呢？学校决策，将其定为爱国主义红色教育。

由此出发，我们团队坚持爱国主义教育理念，充分以史料、学术为支撑，以爱国主义教育、思政教育为中心，以校史带动党史、国史的讲解，挖掘和传承复旦大学红色基因，推动爱国主义教育的高质量发展，为进一步提升在爱国主义教育领域的影响力，全力推进习近平文化思想最佳实践地建设贡献力量。

2018 年，《共产党宣言》展示馆正式开馆，由我们档案馆负责运营管理。自此，展示馆被赋予双重功能：一方面，它是《共产党宣言》与陈望道研究的学术平台；另一方面，它也成为依托复旦大学红色资源、开展爱国主义教育的宣教平台。至 2024 年 8 月，展示馆已接待近 16 万人次，先后挂牌为全国关心下一代党史国史教育基地、中国共产党革命精神与文化资源研究中心、上海市爱国主义教育基地、上海党史教育基地、上海市学生社会实践基地等，逐步发展成为国内红色教育的标志性场馆。

《共产党宣言》展示馆开馆 6 年来，紧扣时代脉搏与主题，举办了 6 届学术会议——2018 年，举办"薪火相传，坚定信仰"主题论坛，以红色展馆为切入点，与会各方在制度保障、学术研究、公众宣教等方面讨论如何发挥各自优势，形成合力，共同利用好红色资源；2019 年，举办"《共产党宣言》中译研究研讨会"，聚焦《共产党宣言》在中国的 6 个中译本，为我们今天认识中国特色社会主义道路，探讨中国方案、中国道路、中国理论的问题提供关键思路；2020 年，举办"纪念陈望道首译《共产党宣言》中文全译本出版一百周年暨马克思主义中国化学术研讨会"，从思想文化角度研究《共产党宣言》的中文翻译和传播，从文本翻译角度研究《共产党宣言》中文译本的字词语义，探讨其措辞背后的社会文化渊源；2021年，举办"《共产党宣言》与中共百年研讨会"，从高等教育、立德树人、翻译观、诗学观等方面对陈望道与《共产党宣言》展开系统、集成的研究探讨，以更好地服务于当下新时代治国理政的需求；2022年，举办"陈望道文艺美学思想学术研讨会"，集中交流研讨陈望道在现代美学、妇女解放、左翼文艺等领域的贡献；2023年，举办"现代化进程中的陈望道研究研讨会"，研讨内容涉及《共产党宣言》译本及其传播、陈望道对中国共产党建立的历史贡献、陈望道的文艺与翻译理论等诸多领域。

通过这些学术活动，展示馆汇集了不同学术背景的专家学者，推动了老中青三代学者的对话与合作。迄今为止，展示馆已出版四本研究论文集、一本研究论丛、一本纪念画册、一套手稿集以及一本生平研究画传，全面展示了《共产党宣言》在中国的学术研究成果。这些成果既从宏观层面探讨了《共产党宣言》的历史意义，也从微观角度挖掘了其翻译传播中的细节与学术价值。这些出版物不仅在学术界产生了广泛影响，还在上海市爱国主义教育基地考核评估中获得了品牌项目的荣誉。

《共产党宣言》展示馆开馆之际，我们学校的研究生党员志愿者组成了"星火"党员志愿服务队，开展义务讲解，传播宣言精神。自成立以来，该队伍获评全国基层理论宣讲先进集体、全国学雷锋志愿服务"四个100"最佳志愿服务组织、中国青年志愿者优秀组织奖等荣誉。"星火"队员们不仅是爱国主义教育的传播者，更在这一过程中不断提升自我，形成了育人与教育实践相互促进的闭环机制。2020年6月27日，习近平总书记给我们学校《共产党宣言》展示馆党员志愿服务队全体队员回信，勉励他们继续讲好关于理想信念的故事，并对全国广大党员特

"星火"党员志愿服务队队员为观众讲解

别是青年党员提出殷切期望。近年来，"星火"党员志愿服务队全体队员牢记总书记的嘱托，贯彻"回信精神"，不断创新形式载体讲好宣言中译、信仰之源的故事。他们推出"红色巴士"研学实践、《望道》电影党课、"循迹溯源践悟初心"系列微视频等宣讲品牌，创新"场馆里的思政课"沉浸式、互动式研学，送讲上门，利用宣言展示馆空间做大思政宣教。一系列创新举措，不仅为新时代爱国主义教育注入了新的活力，也让陈望道旧居的三层小洋楼在新时代焕发出新的生机与活力。

2021年苏步青旧居、谈家桢（陈建功）旧居开馆后，由我们档案馆、学工部、数学学院、生命科学院共同运营，现已挂牌成为科学家精神教育基地，为科学与人文相结合的爱国主义教育提供了新的内容与形式。

玖园爱国主义教育建筑群通过不断创新和优化，将历史教育与现实需求紧密结合，构建了一个兼具思想深度和现实关怀的爱国主义教育平台。玖园爱国主义教育建筑群不仅在思想政治教育上取得了显著成效，还通过丰富的学术研究和社会实践，探索出了一条兼具理论与实践、传承与创新的爱国主义教育之路。未来，玖园将继续发挥其红色教育的独特优势，致力于推动新时代爱国主义教育向更高层次发展，为培养更多具有家国情怀、社会责任感的青年贡献力量。

人民城市样板间

——长白 228 街坊

黄才友

1966 年 7 月出生。2011 年进入长白新村街道工作,现为长白新村街道办事处人大工委副主任、二级调研员。主要从事人大工委工作,全程参与了 228 街坊城市更新工作。

口述：黄才友

采访：陆 欣

整理：陆 欣

时间：2024 年 11 月 8 日

作为上海现存唯一的成套"两万户"历史风貌住宅，228 街坊是承载一代奋斗者光荣与梦想的工人新村，是杨浦"百年工业"历史的见证，也承载着上海城市发展的重要实践。1952 年，228 街坊为优秀工人的幸福生活"诞生"。2016 年，228 街坊仅用 106 天完成意愿征询、协商签约、搬迁交房"三个 100%"。2023 年 4 月 26 日，228 街坊"蝶变归来"，成

改造前的 228 街坊旧貌

焕新后的 228 街坊门头

为空间与功能更新重塑的城市更新新地标。曾经的工人新村，如今正在成为集历史展陈、党群服务、体育健身、净菜超市、特色餐饮、文化艺术等公共服务与社区商业于一体的"15分钟社区生活圈"标杆街区。这里，烟火气、书卷气、精神气氤氲交融，生动彰显着228街坊从标兵到地标再到标杆的时代变迁。而我亲历了228街坊的更新之路。

首批"两万户"的幸福记忆

228街坊是1952年上海市为优秀工人建设的首批"两万户"住宅。新中国成立后，上海市委、市政府按照毛泽东关于工人住房问题的指示精神，在市内9个基地建造了20000户职工工房，"两万户"就此得名。228街坊属于"一号基地"内的第一批"两万户"工人新村，东至安图路、南至长白路、西至敦化路、北至延吉东路，共有12栋住宅，承载着工人阶级当家作主的历史记忆和长白地区居民美好和谐的邻里情谊。

那时候的"两万户"是幸福生活的代名词，是上海工人阶级的骄傲，是周围人艳羡的"劳模聚集地"，入住的都是先进职工、劳动模范、特困职工，它让原本住在草棚、"滚地龙""鸽子窠"的产业工人住进了明亮整齐、绿树环绕、水电煤卫齐全的楼房。工人新村的生活形式模糊了居住和生产、家庭空间和集体生活的界限。集体食堂、集体浴室、消费合作社，新村与其说是住宅，不如说是一个完整、独立的居住区，为工人们提供了所有日常生活的基本服务。居住空间虽然相对有限，但公共空间十分充足，宽敞的前后院、露天的集会广场，大量的活动都在室外展开。

可以说"两万户"是时代造就的宠儿，虽不奢华，但却是社会主义制度优越性的集中体现，它的出现给上海工人阶级带来了从未体验过的幸福感。228 街坊老居民居春英就常常跟我说，她刚搬进去的时候还和同事一起在院子里放炮仗，后来大家一起坐在大圆桌上吃饭，在树荫下乘凉聊天，邻里关系非常好，日子幸福又温暖。

2011 年，我进入长白新村街道工作，此时的 228 街坊已历经 60 余年的风霜。随着居住人口增加、房屋和设施也变得陈旧破败，四五户人家合用一个厨房和卫生间，没有洗浴条件，大间 29 平方米、小间 24 平方米，环境亦是脏、乱、差，周边违章建筑林立、强占房多、外来人口多，居民苦不堪言。这样的居住条件慢慢变得和周围格格不入，无法适应居住生活的需要，居民群众要求动迁的心情非常迫切。

"敢为天下先"的更新探索

居民迫切的动迁意愿成为压在街道干部心上的一块大石。然而，228 街坊要"动迁"谈何容易？杨浦的旧改总量在中心城区里面积最大，二级以下旧里存量仍有 5 万户，像这样只有 200 多产、360 户的地块，面积小、地段相对偏远，又不属于区里重点旧改二级以下旧里的范围，不可能一蹴而就。重要转机出现在 2015 年，这一年 228 街坊被列为上海市城市更新项目，区委、区政府十分重视，根据街道建议，经过充分调研论证，决定探索旧改新模式，创造性地采用"三个 100%"的方式进行整体协商征收。

"三个 100%"即"居民意愿征询同意率达到 100%、居民签约率达到 100%、居民搬迁交房率达到 100%"，在 300 多户的基地采取"三个100%"的征收模式，长白是"第一炮"，这不仅是旧改的实践，也是城

228 街坊整体协商征收签约党员先锋榜

市更新重要的实践，当时这个模式既没有现成经验，也没有有效抓手。那时候我们常常开玩笑说：夫妻之间意见都不能百分百一致，360 户人家要达成三个100%，怎么可能做到？压力就是动力，我们就紧紧抓住"群众工作"这条主线，主动靠前、展示诚意，促"政府征收"向"我要征收"转变，更新之举蓄势待发。

那时，街道党工委、办事处将228 街坊协商搬迁工作作为重中之重的工作，第一时间成立了领导小组赴基地一线办公，配合杨浦第一征收事务所的经办人摸清家底、宣传政策、做好居民思想工作。

我们相信，充分有效的宣传工作很重要。因此街道就组织召开党员骨干、居民代表大会，前前后后开了9 次，累计参与居民336 人次；基地上54 名党员全部亮明身份，起到党员带头、示范引领作用。基地高音喇叭坚持早、中、晚三个时段播放征收政策、第一时间播报征收工作动态；征收工作组、街道责任组、居委会、社区民警分头上门入户开展政策宣传；密集悬挂横幅150 条、制作宣传版面80 块，张贴告知书360

张，宣传工作可以说是"做到了百姓心坎里"。

经过多次实地调研，我们发现228街坊存在违章建筑多、外来人口多、强占房多的"三多"顽症。街道下定决心打好拆违攻坚战，坚决拆除违章搭建、清理强占房、助推协商搬迁。我们联合城管、公安等多部门强力推进整治，短短时间里就拆除违法搭建房屋256间计3850平方米，清除违法搭建垃圾422车，清退强占房125间等，为全面推进228街坊整体协商搬迁工作奠定了扎实的基础。

接着我们创造性地开展带方案征询，公告张贴后，征收方案、房屋评估均价和单价陆续上墙。我们坚持做到方案公开透明、政策前后一致，既展示了诚意，又显示了决心，给居民吃"定心丸"。而且我们坚持掌握工作主动权，始终确保征收工作热度不减。在征收公告和房屋评估单价公示后，我们并没有立即启动第一次意愿征询，而是给居民充分的政策消化时间。其实这期间，我们并没有停下工作脚步，而是通过预征询、预签约掌握情况，让尽可能多的居民尽早签约。

在整个工作推进中，我们的目标就只有一个，那就是"为民"，坚持以心换心、化解存在的以及可能出现的矛盾。比如说征收基地设立公信平台，组成人员除了人大代表、律师、社区法官之外，还特别邀请5名228街坊内具有一定威望和公信力的居民参与调解，以此来体现阳光、公平、公正的征收理念。我记得当时有一户居民，姐弟俩为动迁闹僵了，弟弟一家三口住在这里，姐姐和女儿户口在这里但不住在这儿，公信平台为他们这一家就开了6次协调会，律师有理有据，提出财产分配的"黄金分割线"，务实为民的工作终于让姐弟俩达成妥协，最终落笔签约。看到我们这样的努力，老百姓从心里认可了我们，不少居民不但自己积极签约，还帮着工作人员一起做其他居民工作。有一户人家，父子

2016 年 6 月 15 日，签约公示墙边，居民代表翻牌，标志着居民全部签约，协商征收工作第二个 100% 顺利完成

俩关系不睦，在第二个 100% 签约期间，儿子就是不露面不签字。住在隔壁的邻居和几位居民，每天下班就到这户人家门口"守候"，终于把儿子"逮"到了，晓之以理，动之以情，做通了他的思想工作、完成了签约。这样的案例在整个街坊的征收过程中举不胜举，让人记忆深刻。

由于征收工作的细致到位、为民务实，第二个 100% 成功以后，30 余位居民自发包车，敲锣打鼓到区政府送锦旗、送牌匾，表达对区委、区政府的感激之情，居民的肯定就是我们工作成效的最好金杯。不但如此，即将搬迁之际，228 街坊 200 余位居民还自凑份子，搬着凳子、扶老携幼来到 228 街坊中心广场，团团围坐 21 桌，"众筹"举办了"百家宴"。这样的画面温馨又难忘，一时成为佳话。就这样，228 街坊整体协商征收工作成功实现三个 100%！居民们又在随后的选房活动中高高兴兴地选到了自己中意的房子，真真切切得到了实惠。

228 街坊顺利完成征收后，区属国企的建设也随之拉开了帷幕。秉承

2016 年 6 月 21 日，228 街坊征收基地内居民"众筹"操办"百家宴"

着坚持历史风貌与空间特色的原则，完整保留 12 栋"两万户"建筑的空间肌理及公共属性，量身打造"15 分钟社区生活圈"，满足群众一站式、多元化需求。

"15 分钟社区生活圈"是贯彻落实人民城市理念、提升社区居民生活品质的重要抓手。228 街坊作为综合性的城市更新项目，牵涉的利益相关者众多，包括周边居民、使用者，也包括管理者、从业者、运营者等 20 个不同相关群体。"15 分钟社区生活圈"规划完全以这些群体的需求为导向，不带任何预设，通过自上而下的调研做好聆听者。

"15 分钟社区生活圈"的示范标杆

白驹过隙，228 街坊以功能置换、保留保护的有机更新模式，以重塑老经典、赋予新内涵为目标，以留存历史与记忆、传承光荣与梦想为使命，蜕变为集人才公寓、历史展陈、党群服务、体育健身、净菜超市、特色餐饮、文化艺术等公共服务与社区商业为一体的"15分钟社区生活圈"，焕新归来成为近悦远来的品质生活打卡聚集地。

228街坊内有政府、国企、民营企业、社会组织、个体小店等多方运营主体，政府包揽一切的模式是不能持久的，必须达到共赢才能可持续发展。所以我们就在228街坊引入崭新的管理机制。首先，是"市场＋公益"。在筹备社区食堂过程中，我们市场化引入"熊猫饭堂"，以销量定补贴；在建设市民健身中心时，也是公益化定价、市场化运作，政府有限投入，兼顾社会效益和经济效益。其次，是"展陈＋体验"。在228街坊上海工人新村展示馆项目中，为了更好展现工人新村的文化价值，让更多人回忆起那青春记忆，我们将展示馆一半规划为常规展览展示区域，另一半为沉浸式体验区，引上海老品牌入驻，提升了展示的体验度和获得感。

俯瞰焕新后的228街坊，可以看到其依照一个中心两横两纵的规划格局，以及树院浓荫，内聚向心的景观布局，对原本12栋两万户的空间布局进行完整的保留

更重要的是，在建管运营上，我们还打出一套"组合拳"。228 街坊硬件上的建设已经阶段性完成，管理软实力的提升是持续的课题。在物理形态上，由杨浦科创集团一体化进行物业管理，街道对公共服务设施进行统筹和管理，同时其中的很多业态又是由商家入驻与运营。因此，我们构建一个联盟机制，成立 228 街坊街区党建联盟，由创寓公司党支部、228 街坊属地居民区、工人新村展示馆运营方等 8 个街区内党组织组成，设立议事制度，以"自治、共治、管治、数治、法治""五治"为框架，打造街区治理新样板。我们还组建一支志愿队伍，培育一支全年龄段的 228 街坊党群服务志愿队，涵盖社区居民和公寓白领，提供历史印记讲解、文体活动组织、公共秩序维护等多方面的志愿服务。同时，我们探索形成一套公约体系，由街道牵头周边居民、商户和驻区单位签订"228 街坊公约"，结合 228 街坊复合功能及社区特点，规范停车、养宠、楼组自治等日常行为。设置基层法治观察点和人民建议征集点，提升社区法治化水平。

作为唯一保留"两万户"原貌的开放街区，这里不但吸引周边居民日常休闲，更有很多曾居住过"两万户"的老居民特意赶来打卡。街坊内草坪周边休憩的居民络绎不绝、特色小店一座难求、夏日傍晚露天电影幕布前人头攒动、小酒馆营业到深夜依然人声鼎沸。风貌的重塑还带来了记忆的传承和精神的赓续。228 街坊先后被央视、人民网、新华网、文汇报、上观新闻等媒体报道 50 余次，接待意大利、巴西、土耳其、越南、老挝、柬埔寨等多国访问团，接待民政部、国家信访局、全国总工会、中央党校、国家文物局等部门和广东、河南、云南等外省市组团及市、区各单位调研 300 余次。

回首那些建设发展的过往，我感到 228 街坊的新生离不开市、区两级政府的支持，离不开百姓的理解，离不开创新探索的杨浦实践。

　　面对老百姓迫切的动拆迁需求，街道没有等、没有退，而是积极主动迎前部署、搭建平台、建立沟通机制，一方面对 228 街坊进行环境整治，消除一批消防、居住安全隐患，稳定居民情绪；另一方面向区委、区政府报告情况、反映居民诉求，提供解题对策。在这个过程中，我们坚持人民至上，聚焦居民对美好生活的向往，全过程、全方位听取人民群众的意见建议。无论在前期征收阶段，还是在"15 分钟社区生活圈"建设过程中，听民意、解民忧始终是工作的出发点和落脚点。街区建设管理的"后半篇文章"，更是创新探索运营模式，把好事做好、实事做实。

　　这才有了 228 街坊自 2023 年开业以来，人流量攀升，人气持续暴涨，成为名副其实的居民们"家门口的好去处"。无论是物美价廉的"熊猫饭堂"，还是同步升级建设的户外职工驿站、亲子托育等便民点位，抑或是 228 街坊党群服务中心内提供免费的小剧场、活动室、舞蹈房等方便周边基层党群组织开展活动的设施，都凝结了辛勤的汗水。

　　如今，228 街坊城市综合更新实践案例被住房城乡建设部推荐为中国唯一参评联合国人居奖项目，同时，荣获 2023 中国城市更新优秀案例之"15 分钟生活圈示范奖"、2024 年上海"15 分钟社区生活圈"优秀案例评选"卓越创新奖"，入选上海市人民政府、国际展览局、联合国人居署联合发布的 2024 年《上海手册》收录的来自全球 12 个国家的 18 个案例。这是我们的骄傲，也是我们为之奋斗的事业。这里埋藏着工人阶级最深的记忆和乡愁，缩影 70 余载时光，写满岁月悠长。这里也是我工作生活中最重要的"伙伴"之一，每当我被有些琐事困惑住，我总要到 228 街坊来看看坐坐，有些问题的答案会在经过岁月沉淀的 228 街坊里找到。

从劳模到主播：

退而不休想为年轻人多做点事

黄宝妹

　　1931 年 12 月出生。1952 年 11 月入党，新中国纺织工人代表、新中国第一代劳模、"七一勋章"获得者、上海市杨浦区"老杨树宣讲汇"成员，国家发展的见证者、参与者、奉献者。

口述：黄宝妹

采访：赵　辉　霍　晨　诸瀚鸣

整理：赵　辉　诸瀚鸣

时间：2024 年 8 月 29 日

纺织工人很光荣

1931 年，我出生在上海浦东。我在家中排行老大，家里很穷，12 岁时就跟随邻居贩盐卖，每天下午去东海滩，赤脚踏海水上船，挑一担 20 多斤的盐回家。第二天鸡叫头遍就起床，挑上盐再跑上十八里路，到高庙卖盐。

不到 13 岁我就进入日商裕丰纱厂当童工，裕丰纱厂是上海国棉十七厂的前身，我记得报名是年初四，第二天就正式上班了。我被分配到细纱车间，一天工作 12 个小时，白班从早晨 6 点到晚上 6 点，夜班从晚上6 点到次日早晨 6 点，一个星期倒一次班。

那时，我每天凌晨 4 点钟不到就要起床，摸黑乘渡船过黄浦江，到杨树浦的工厂上工。整天都要跑巡回在纺纱机前照看纱线，下班时被搜完身才能放行，到家时天色已黑。

1949 年新中国成立后，工厂成了人民的工厂，我们工人群众扬眉吐气，我更是感到一种从未有过的振奋和舒畅，于是用满腔的热情积极投身生产劳动。

每天走进车间，我脑子里就盘算着怎么才能减少断头，少出皮辊花①，因为少出一两皮辊花，就可以多纺一两棉纱。

全厂细纱车间的挡车女工中，我的皮辊花出得最少，浪费最少。我纺的二十三支纱，皮辊花率只有 0.3%，位居全厂前列。

我总结了自己做事的特点：要么不做，要做就做到最好。我要求自己做任何事一定要认真，我苦练接纱头，别人挡车一般 270 锭，超过这个很难突破，但我可以挡 400 锭。

我也爱多想想怎么才能做好，还探索出一套"单线巡回、双面照顾、不走回头路"的先进操作法，扩大看台能力，每个人从看 400 锭扩大到 800 锭，细纱车全部可以开工，8 小时工作开三班制，这样的话节约了车间三分之一的人力，大大提高了生产效率。

我还首创了"逐锭检修"法，减少断头，提高质量和产量。也就是对照看的 800 只锭子进行有序检查，这样就可以及时调换歪锭子，改善机械状态；为减少牵伸部分的飞花，保证棉纱质量，我还与同事合作试制了一种"红芯子"集合器，使皮辊花大大减少。

毛主席接见我时说：纺织工人很光荣，我也一直以我的工作和技能为豪，因为让全国人民有衣穿，责任很重大啊！其实劳模精神很简单，就一句话：克服困难、卖力工作！

---

① 皮辊花也叫白花，是指粗纱进行细纺时，由于纱线断头而卷绕在皮辊或绒辊上的棉纤维，可以重新加工使用。

捐赠给世界技能博物馆展品背后的故事

众所周知，杨浦滨江公共空间星落分布了许多 20 世纪 20 年代的中国工业历史建筑，其中紧挨着杨浦大桥、处于滨江岸线中心位置，有一幢造型左右对称的双子楼——永安栈房，后来它的一侧成为了世界技能博物馆所在地。

我们老杨浦人都知道永安栈房的历史是非常悠久的，它是旅澳华侨郭乐、郭顺兄弟创立的上海永安百货公司下辖的当时重要的物流仓库之一，每天一艘艘货船进港，一批批商品通过码头工人的肩膀从这里上岸并运往南京路，支撑着永安百货的兴盛繁华，同时还作为棉纺厂仓库存放纺织用的各类原料和设备配件。我还听说它的内部空间为八角形的楞角斗状柱帽楼板，极有特色。

新中国成立后，永安第一棉纺厂改名为上海第二十九棉纺织印染厂，永安栈房变成第二十九棉纺织印染厂仓库。之后为支持国家化工事业，

永安栈房旧貌

世界技能博物馆鸟瞰

将西面一半仓库划给了上海化工厂。再之后，永安栈房的东侧仓库成为了上海纺织原料仓库杨浦仓库。

2018年6月，永安栈房西侧建筑被世界技能组织甄选为世界技能博物馆所在地，得知这个消息，我也非常高兴和自豪，全球首家冠以"世界技能"之名的博物馆——世界技能博物馆设立在我们杨浦了。

我也从杨浦区人力资源和社会保障局了解到，自2018年明确在杨浦滨江永安栈房修建技博馆以来，杨浦区委、区政府就向市委、市政府立下军令状，以建设传世之作和精品工程为目标，全力推动筹建各项工作，最终顺利完成建设任务。

"博物馆将以展示陈列、教育传播、国际交流、收藏保管、科学研究等5个功能为核心，打造为世界技能展示中心、世界技能合作交流平台、国际青少年技能教育基地和官方文献中心。"这样的话，杨浦滨江区域的纺织旧仓库将焕发新活力，以世界技能博物馆的新面貌把职业技能和工业联系在一起，那可真是太好了！

　　世界技能博物馆的成立离不开全国甚至全世界征集或捐赠的展品。咱们杨浦区近年来也通过广泛发动、深入挖掘，成功征集各类展品300余件，并从中甄选了4组共14件代表杨浦技能历史和技能发展水平的展品捐赠给了世界技能博物馆，经世界技能组织确认，均入选技博馆收藏名录。目前，共9件杨浦展品正在馆内展示。作为一名杨浦的代表，我也为首批捐赠的展品作了一点贡献。我捐赠了3件展品：1953年首次获得的全国纺织工业部劳动模范奖章、1955年被评为上海市劳动模范的奖状、1958年载有电影《黄宝妹》介绍的《上影画报》，世界技能博物馆把这些展品特别展示到了第三展厅"技能发展与中国"。

　　我来给大家讲讲这些展品背后的一些小故事。

　　因为技能有一手，工作表现突出，我成了新中国第一代劳模。这一

黄宝妹捐赠的1953年获得的全国纺织工业部劳动模范奖章

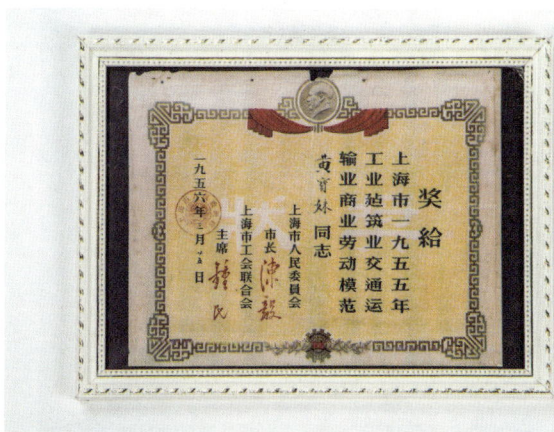

黄宝妹捐赠的1955年获评上海市劳动模范奖状

年是 1953 年，我 22 岁，最开始是小组先推选，最后我从上海 55 万名纺纱工人中脱颖而出，成为中国纺织工业部劳动模范，我做梦都没想到自己最后能评上全国劳动模范。1956 年与 1959 年，我又两次被评为全国劳动模范。

技能让我当上了新中国第一代劳模，也让我有了读大学的机会，这些都是我想都不敢想的事情。

最没想到的是，我竟然还去演电影了。为了用镜头留住全国劳模的真人真事，1958 年，谢晋导演和摄制组来到了国棉十七厂，拍摄我的故事，并决定让我"自己演自己"。

当时有种说法，说摄像机要吸血的，我还问谢晋导演会不会。我当时紧张得不得了，第一天拍大扫除，连走路都不会了，一个镜头连拍了 8 次，一想到浪费那么多胶卷，心里就特别不好受，我这个人最看不得浪费了。好在导演和蔼可亲，耐心开导我，我对镜头也慢慢习惯了起来，电影顺利拍完。

电影公映后，大家都夸我演得好，还有人提议我"弃工从影"。当时电影作为国庆 10 周年献礼片在北京放映，周恩来总理请电影主要演员吃饭，我就和周总理坐在一起，当时文化部有人向周总理提议，说我演得好，可以让我改行拍片。

但我心里清楚，我不是专业演员，导演对我要求不高，要是做专业

黄宝妹捐赠的 1958 年载有电影《黄宝妹》介绍的《上影画报》

演员，要求就不一样了，我这样的连跑龙套都轮不到。

我一直相信"专业精神"，而我的专业领域就在车间。所以我不当演员，也不做干部，就喜欢纺纱。

毛主席说，党员要为人民服务，要先人后己，这句话我牢牢记了一辈子。

作为新中国第一代劳动模范，且多次获得全国劳动模范的荣誉，在庆祝中国共产党成立100周年时，还在人民大会堂获得了习近平总书记颁授的"七一勋章"，我是光荣的，更是幸运的，是时代给了我一个作出贡献的机会。我也感谢家庭的无条件支持，没有他们，就没有今天的我。

年轻人是未来，接班人好，国家建设才能快

"神话里最会纺纱织布的是七仙女，但仙女是不存在的，真正的仙女是我们的纺织女工。"这是1958年谢晋导演所拍摄的电影《黄宝妹》中的一段台词。

我这辈子只做了一件事，就是好好纺纱，让全国人民有衣穿、穿好衣。

我在纺织厂的岗位上一干就是42年，1986年我光荣退休了，虽然工作退休了，但共产党员、劳动模范不退休。

在杨浦生活了一辈子，我见证了杨浦滨江一带的发展变迁。2019年11月2日，习近平总书记在杨浦滨江考察时，我向习近平总书记介绍说，我是土生土长的上海人，见证了上海从旧中国到新中国、再到新时代的巨大变化，为中国共产党和中国特色社会主义感到无比自豪。习近平总

2020年6月23日,杨浦小学教师收看"老杨树宣讲汇"成员黄宝妹宣讲直播

书记鼓励我多向年轻人讲一讲,坚定他们对中国特色社会主义的道路自信、理论自信、制度自信、文化自信。

习近平总书记的话让我备受鼓舞。也是我退休后努力的方向,作为老党员,为国家发展、为人民服务而奋斗终生就是我最大的愿望。

最近几年,我都在忙着到处给年轻人上课。我是上海市"百老德育讲师团"的主要创始人,还加入了杨浦区"老杨树宣讲汇",让更多青年人静下心来倾听党和国家走过的峥嵘岁月、倾听老一辈共产党人的奋斗故事。

我在哔哩哔哩的"老杨树宣讲汇"直播间当起了主播,还很受欢迎呢!做主播让我这个90多岁的老年人都觉得自己越活越年轻了。

我牢记习近平总书记的嘱托,要跟年轻人多讲讲。要发动年轻人一起来建设国家,听课的年轻人都说我讲得好,说老奶奶要多讲讲。所以只要精力允许,我就一定会多讲讲。

未来的世界，是属于年轻人的世界，要靠他们去创造。而共产党人的信仰和精神力量，也需要由他们下一代去传承。年轻人将来都是接班人，他们好了，我们的国家建设才能快！

我始终认为，一个人好不算好，要大家好才算好！怎么发动大家、发动年轻人一起为国家建设努力奋斗，这是很重要的，作为一名共产党员，我立志要为党的事业奋斗终生。

技能点亮生活、技能改变命运！我希望通过这些展品"讲述"给参观者，鼓励更多的年轻人成为热爱劳动、勤于劳动、善于劳动的高素质劳动者。热爱自己的岗位、干一行爱一行。我坚信：三百六十行，行行有先进！

后圣心　乘风破浪
新百年　扬帆远航

——记上海市第一康复医院改造

卢　远

1978 年 6 月出生。2008 年进入医疗卫生行业工作，现为上海市第一康复医院副院长，党总支委员，一直负责医院后勤保障工作，全程参与了医院改造工程。

口述：卢　远

采访：徐　蕾　史明龙　廖　忠

整理：徐　蕾　史明龙　廖　忠

时间：2024 年 8 月 29 日

　　2020 年 9 月，杨浦区以"生活秀带"为主题入选首批国家文物保护利用示范区创建名单，创建范围涵盖不可移动文物和工业遗产 87 处。自创建以来，杨浦坚持"保护第一、加强管理、挖掘价值、有效利用、让

圣心医院教堂旧貌　　　修缮后的圣心医院教堂外景

文物活起来"的文物工作要求，挖掘阐释不可移动文物背后的深厚历史内涵，大规模推进工业遗产成片保护和再利用。上海市第一康复医院（前身为圣心医院）恰好位于文物保护利用示范区内，院内的百年老建筑也在这次"工业锈带"蝶变中更新建设、焕发新生。

"圣心"史话　源远流长

我是 2008 年进入医疗卫生行业工作的，现在任职于上海市第一康复医院。在我的印象里，这所医院除了有医院治病救人的功能外，还是闻名遐迩的上海市优秀历史建筑"圣心教堂"。这些老建筑是活着的史书，记录着城市岁月的痕迹，蕴含着历史的故事，现在沉淀下来成为一道亮丽的风景线。

说起上海的历史建筑，在这些建筑中原本作为医院建造的不下 20 多处，但至今仍然作为医院为广大人民服务的寥寥无几，而上海市第一康复医院便是其中之一。其前身为圣心医院，是上海早期的天主教医院建筑，至今已有百余年历史。1923 年，为缓解广大劳苦大众的就医困难，当时社会实业家陆伯鸿先生就通过募集社会资金的方式成立了圣心医院。1931 年，院内又陆续建成一幢"圣心教堂"建筑和另一幢"中比镭锭医院"建筑，即复旦大学附属肿瘤医院的前身，由中比庚款教育慈善委员会拨款资助在比利时购买了 0.978 克镭锭、两台深部 X 线治疗机和一台 X 线诊断机，当时是远东第一家放射医院，是中国首家，也是新中国成立前全国唯一一家肿瘤专科医院。

1937 年八一三事变后，上海沦陷，医院被日军占领，先后成为日军伤兵医院和战俘集中营，医院外迁。抗日战争胜利后，圣心医院迁回被破坏严重的原址（宁国路 41 号）。新中国成立后，圣心医院正式由政府接管，并依次作为上海市第二劳工医院内外科病房、杨浦区中心医院住院部，收治了大量病人，为沪东地区的劳动人民提供了优质的医疗服务。

2000 年，医院改制为杨浦区老年医院。2004 年，圣心医院被列为杨浦区文物保护单位。2005 年，圣心教堂被列为第四批上海市优秀历史建筑。2012 年 6 月，杨浦区老年医院整体转型为"上海市第一康复医院（筹）"，2014 年 7 月经上海市卫生计生委批准成功去"筹"，成为全国卫生系统首家由二级公立医院整体转型、达到三级标准的康复医院。2017 年 5 月，医院正式挂牌"同济大学附属康复医院（筹）"。

修旧如故　文脉传承

作为文物保护建筑，我们第一康复医院的修缮改造从一开始就立足于修旧如故，通过保护修缮、挖掘价值、复现肌理、活化利用，来推进文脉传承。

从"十三五"规划开始，我院就进入一个发展建设的新时期。医院总用地面积为 16265 平方米，其中 1 号、2 号、3 号、5 号、6 号楼为文物保护建筑，9 号楼为上海市优秀历史建筑，于 2019 年先后通过上海市文化和旅游局及上海市历史建筑保护事务中心的历史文保建筑修缮改造项目的批复认可。文物保护建筑修缮改造项目分为三期进行，其中 2 号楼、3 号楼为一期工程，5 号楼、6 号楼为二期工程，1 号楼、9 号楼为三期工程。

2020 年，我院迎来了自身的"康复"之旅，一期工程修缮项目涉及

修缮后的 2 号楼外景

2 号楼、3 号楼共 2 幢二层房屋，总建筑面积达 2615 平方米。建筑整体外观较为一致，主楼为砖、木及混凝土混合承重结构。其建筑主要特点是采用"折衷主义风格"。折衷主义建筑是 19 世纪上半叶至 20 世纪初，在欧美一些国家流行的一种建筑风格。折衷主义建筑师任意模仿历史上各种建筑风格，或自由组合各种建筑形式，他们不讲求固定的法式，讲求比例均衡，注重形式美。

现存有价值的建筑构件主要为外立面线脚装饰、南立面山花、宝瓶栏杆、立面窗洞及门窗洞口装饰线条、立面柱装饰等，该次修缮改造是对 2 号楼、3 号楼外立面和室内空间修缮，外墙整体立面采用水刷石的修缮工艺。水刷石是一种施工难度大、需要工匠手刷的复杂传统工艺，前期要结合建筑特色，设计出与之相配的墙面线条，再采用不同质感的水泥石子搅拌均匀涂抹在墙上，用刷子刷去表面水泥浆，最后用水冲洗，露出石子纹理，突出墙面的层次感，水刷石刷出的建筑外立面色泽庄重美观，饰面坚固耐久，不褪色，也比较耐污染。

修缮改造过程中，我院严格按照保持原状原则，仔细核阅修缮前现场的踏勘分析以及历史图纸，按照旧照 2 号楼、3 号楼原为水刷石外立面，后期表面涂抹了黄色涂料，勒脚原为水泥黄沙饰面，有后期多次水泥砂浆修补覆盖的痕迹，只有局部部位保存了原有的水刷石，这也是这次外墙水刷石恢复的一个重要依据；外立面对重点保护装饰线条、南立面山花、宝瓶栏杆等进行清洗，按原样对粉刷层进行修复。

经修缮后，两栋楼宇的外立面复归优雅、简凝与质朴模样，外立面的石子在阳光下熠熠生辉，温暖如初，并成功入选第三届《上海市建筑遗产保护利用示范项目名单》和《2022 年度上海市建设工程白玉兰奖（市优质工程）历史建筑工程赛区获奖工程名单》。二期修缮工程也如期在 2022 年开工，经过紧张而忙碌的施工，在 2023 年 6 月，5 号楼、6 号

修缮前的大门

修缮后的大门

楼也如脱胎换骨般崭露新颜。

我们常说，医院是"疗愈"之地，予患者以康复、予病痛以新生。而这次我院的文保建筑修缮改造项目，我认为其实也是一次对"疗愈"能量的传递与加深，在对待具有专业性、多样性、复杂性需求的医疗建筑时，要将医疗专业知识与建筑专业知识相结合，这两者都离不开对人之关怀的终极性指向，面对一栋百年建筑，保留它的特征痕迹，营造富有温情的人文氛围，即是在环境层面上达到关怀人的目的。

在"十四五"规划期间，我院谋划"新圣心、新百年"的发展建设蓝图，整体空间规划围绕"一轴两区"的空间格局，开启综合楼新建项目新篇章。其中，新建综合楼为康复医学大楼，1号楼为综合科研大楼，9号楼为行政教学楼，底层为开放式图书馆，服务院内外学者。沿教堂中心线的"一轴"纵贯院区南北，是医院发展的历史轴，象征着医院"圣心、传承"的精神。以轴线为界，分为"两区"，西侧为康复医疗综合区，东侧为行政教研科学区。同时，我院也有收储计划用地，目标是将

修缮前的外窗

修缮后的外窗

医院储备用地打造成康养结合示范区。

在整个更新过程中，我作为党总支委员，一直负责医院后勤保障工作，全程参与了医院改造工程，印象最深刻的一件事就是医院如何在"推建设"和"保运营"两者之间进行权衡的问题。医院作为医疗公共服务空间，需要长期保持对外开放的状态，但因文保修缮项目涉及修缮的楼宇很多，加上综合楼新建项目的周边建筑基础加固和拆除，基本涵盖全院所有建筑，院内的空间功能调整压力很大，施工工期也非常紧张。为此，结合院内实际情况，我向医院党总支会议提交了"内部空间置换压缩"和"外部空间功能拓展"两种方法，双管齐下，党总支会议通过了该建议。后来，在工程正式动工前，院内科室经过一系列的空间调整和搬迁腾挪，既做到了对医院运营的影响最小，也满足修缮施工的必要施工场地要求，推进了工程建设，缩短了施工工期。

上述提出的"内部空间置换压缩"，主要是把原科室的空间需求重新审核，对符合医院发展方向的学科进行保留，反之则进行压缩，并重新分配院内空间，在满足各类医疗条件的同时，最大限度合理利用和攫取文保建筑内的空间。例如因项目建设规划，拆除了原来的8号楼和10号楼，医院减少床位约120张。在这种不利条件下，医院从2021年起逐步开始空间置换，通过将5号楼功能调整为病房，对控江院区2层病房进行改造等，增加约110张床位，弥补了因建设而减少的床位数损失。在2024年，经医院会议同意，9号楼三层也进行了功能调整，新增48张床位，缓解了医院运营的压力。

而"外部空间功能拓展"的部分，主要是在院内空间不能满足所用功能布置的时候，采用外借或租赁等形式，将医院行政及后勤科室的功能在医院外部进行拓展，通过"内医外辅"的非常时期非常办法，达到解决文保建筑空间不足的问题。比如我院租借长阳路 1514 号 5 号楼作为行政办公区，租赁面积为 1586 平方米左右，目前设 20 多间办公室和 3 间会议室，弥补院内空间不足的难题，推进医院基建发展。

锈带蝶变　风貌新生

区政府在更新改造工作中提出了"加强保护传承，促进历史文化遗产活化利用，将历史风貌保护与人民城市发展需求有机结合"的要求。我们医院现有的文保建筑作为上海市第一康复医院历史文化的载体，即使岁月更替，物是人非，医院内的文保建筑仍留守原地，代表时光讲述过往，其内在的文化内涵与历史痕迹是无法被替代的。对于历史风貌建筑我们既要关注其外在的美学特征，也要透过历史风貌建筑的砖墙看到其内在的价值魅力。改造更新后这些建筑集历史价值、艺术价值、科学

修缮前的阳台

修缮后的阳台

价值于一体。

比如：圣心医院教堂是杨浦滨江南段仅存的历史教堂，和原来八埭头北面的和平之后圣母堂、杨浦滨江中北段沪江大学（今上海理工大学）内的思魏堂一起是杨浦滨江最重要的3座教堂建筑。圣心医院建筑群是杨浦滨江南段保留最为完好的历史医院建筑群，具有极为重要的历史价值。

再比如：圣心医院建筑群北侧5幢两层建筑在尺度上并不抢眼，但品字形的建筑布局合理，建筑中部的原有花园能体现早期医院建筑群的布局特征。建筑外立面也较有特点，具有一定的艺术价值。教堂塔楼建筑带有装饰艺术派风格，竖向线条也带有一些哥特教堂的风格特征，在上海教堂建筑中独树一帜。

圣心医院的北侧建筑群呈品字形布局，中部花园成为建筑组群的中心，组织整个交通流线，作为上海早期的医院建筑组群在规划上非常合理，具有规划学科上的科学价值。当然，科学价值还可以从医疗角度出发，如圣心医院起初各科室均属沪上中外医学界之翘楚，镭锭疗病机更是全国首家，圣心医院自民国时期起就是治疗与科学水准领先的医院等。

回首这段更新改造的历程，我们全力传承着文保建筑的历史与价值，修缮项目从检测、设计到施工，每一阶段都做到尊重建筑历史文脉，保留空间格局不变，建筑立面风格与历史文化风貌相协调。这样成功的探索和实践，让我倍感荣耀。未来，我们还计划完成全院文物保护建筑修缮，在满足区域基础医疗服务功能的同时成为区域内的一处历史景观，做到修旧如旧、还原历史的效果，进一步发挥上海市第一康复医院的公共卫生及基本医疗服务功能，提高公共卫生服务质量，应对康复医疗发展需求，为建设一所具有国际水准、国内领先、上海一流的三级康复医院，争创上海市现代康复医院模板而不懈努力。

"深"升不息
优质好水润万家

宋　瑜

　　1978 年 10 月出生。1996 年进入自来水公司工作，现为杨树浦水厂厂长。一直以来主要从事城市自来水制水管理工作，参与了杨树浦水厂深度处理改造工作。

口述：宋　瑜

采访：李晓敏

整理：李晓敏

时间：2024 年 12 月 6 日

杨树浦水厂于 1883 年建成通水，是国内最早地表水水厂。一百四十多年来经过多次改造和扩建，从始建时 3698 立方米／日出水量到改造前 140 万立方米／日出水规模，占地面积由初期的 7.39 万平方米扩大至目前的 18.26 万平方米。

2019 年 11 月 2 日，习近平总书记在上海杨浦滨江考察时首次提出人民城市理念。为全面提高城市饮用水水质，努力为上海市民提供品质更高、口感更佳的饮用水，2020 年 5 月杨树浦水厂深度处理改造正式拉开序幕，整个工程于 2024 年底并网通水，其设计规模确定为 120 万立方米／日。

殷殷嘱托，开启工艺升级新征程

"人民城市人民建、人民城市为人民"，一块鲜红的标语牌巍然矗立在我们水厂的就地取水口处，如同灯塔一般照亮我们前行的道路，也时刻提醒着我们肩负的责任与使命。这是我们城投水务人矢志不渝、不懈

城投水务工作者在杨树浦水厂深度处理改造工程开工启动仪式上合影

奋斗的崇高目标。

2020 年 5 月，随着城投水务制水公司在杨树浦水厂隆重举行深度处理改造工程的启动仪式，一场旨在提升水质、造福民众的战役正式拉开帷幕。我有幸在工程的关键攻坚阶段加入杨树浦水厂的团队，亲身参与了工程施工和调试的每一个环节。如今回想起来，此次水厂深度处理改造是我职业生涯中最难忘的经历，也是最具挑战性的一项工作。那段日子，我深感责任重大，不仅要确保工程按期高质量完成，还要保障正常对外供水不受任何影响。面对种种挑战，我带领全厂职工齐心协力，攻坚克难，只为让市民喝上更加优质和安全的饮用水。

此次工程采用不停役、不征地的就地改造方式，在现运行的杨树浦水厂中，对老旧设施设备进行了一场脱胎换骨的升级改造。在保留并优化现有常规水处理工艺的基础上，创新性地融入了臭氧＋生物活性炭深度处理工艺，这一举措将臭氧氧化、灭菌消毒、活性炭吸附和生物氧化降解这四项尖端技术完美融合，从而大幅提升出厂水的水质，显著增强了水质的稳定性，使得水的口感和嗅味得到了前所未有的改善。

整个工程涉及多个主体和单位，为确保工程顺利推进，我带领团队积极与各部门保持联系，汇报工程进展，加强社企联动，举办座谈会、市民开放日等各类活动，宣传工程的重要性和必要性。记得有市民提出了对改造期间水质的担忧，我们详细解答市民的疑问并组织现场参观，争取市民的理解和支持。为了确保新工艺、新技术、新设备的顺利应用，厂里组织了一系列理论学习和实操演练培训活动，涵盖了新设备的操作方法、故障排查和应急处理等内容。我们还编制了详细的操作指南，通过"师带徒"的方式，确保每位操作人员都能迅速掌握新设备的操作技能，提高团队的整体技术水平。

率先垂范，这里是高品质饮用水的新起点

作为上海自来水的发祥地，杨树浦水厂一直肩负着为人民生活保驾护航的重要使命，它不仅是制水行业的排头兵，更是砥砺奋进的先行者。

在水厂迎来 140 周年庆典之际，我们特别邀请了老前辈们共同回顾那些光辉岁月，感受那份深厚的底蕴和不懈的追求。当时，水厂退休厂长乐林生深情地讲述了"三步走"计划。从 20 世纪 80 年代末起，杨树浦水厂就勇敢地踏上了这条探索之路。第一步，将沉淀池进行改造升级，引入了自动排泥系统，这一创新举措大大提高了处理效率，为后续的改造奠定了坚实基础；第二步，引用先进的 PLC 控制系统，实现了从人工

杨树浦水厂全景

到自动化的华丽转身，使制水过程更加精准高效；第三步，更是大胆地试验了 36 万吨深度处理制水工艺，这一创举不仅开创了上海水厂深度处理的先河，更在国内外掀起了不小的影响力。

"三步走"计划的实施，使杨树浦水厂的设备更安全、运行更可靠，出水水质也得到了明显提升。我清晰地记得，乐厂长曾问我：20 年前我们的出厂水好喝吗？那时的我，面对这个问题，有些无言以对。但当我被问及现在的出厂水时，我骄傲地回答：完全能直饮！而这背后，是无数自来水人的辛勤付出和不懈努力。

2020 年，杨树浦水厂深度处理改造工程全面施工，这不仅是对历史的传承，更是对未来的期许。它标志着全市水厂深度处理 100% 的改造目标已经正式划入"十四五"供水规划蓝图，为上海乃至全国的饮用水品质提升树立了新的标杆。在改造期间，我们水厂始终立足"确保重大工程建设、确保城市安全运行"的原则，职工们以高度的责任感和使命感，确保了出厂的每一滴水都安全达标、每日城市供水不间断。2024 年 11 月，深度处理改造项目成功并网通水，这一里程碑式的成就，不仅彰显了我们杨树浦水厂的技术实力和创新能力，更为广大市民带来了更加安全、健康、优质的饮用水体验。

精细管理，文物堆、古树林中的一场手术

杨树浦水厂是承载着厚重历史与文化的工业遗产。2013 年，它被国务院列为第七批全国重点文物保护单位，其后又在 2018 年入选中国工业遗产保护名录的第一批名单。这不仅是对杨树浦水厂历史价值的肯定，更是对我们保护和更新工作的鞭策。

面对这座百年老厂，我深知其保护与更新的重要性。它不仅是上海乃至全国少有的仍保持着生产功能的工业遗产，更是一座连接着过去与未来的桥梁。其保护与更新工作既体现了对工业遗产保护理念的尊重，也深深关系着千万市民的生活福祉。因此，我们迎难而上，决定对这座百年老厂进行一场前所未有的升级改造。

这场升级改造不同于以往的"博物馆式"文物保护，它需要在保留历史风貌的同时，实现技术的飞跃和生产的持续。为了确保工程的顺利进行，我们制定了周密的计划和精细的管理方案，提出了"水质保证、环境保护、运营保障、文物保全"的"四保"方针，将每一项工作都细化到了极致。

对于厂区内的文物保护建筑和古树，我们更是倍加珍视，贯彻了

"一楼一策、一树一保"的理念，为每一处文物和每一棵古树都制定了专门的保护方案。在施工过程中，我们尽量避免对文物和古树造成任何损害，同时采用先进的技术手段进行监测和保护。

考虑到市民的日常用水需求，我们利用"腾笼换鸟"的理念，采用了"边拆边建"的施工方式，精心规划施工流程和时间节点，确保在不影响市民用水的前提下，高效推进工程进度。同时，我们首次大量运用了全套管硬切割咬合桩等新技术，成功解决了在狭小场地中新建水池和保护既有建筑之间的矛盾。

令我印象最深的是针对地下纵横交错的新老水管，我们采用了 BIM（建筑信息模型）系统实现全过程精细化、信息化管理。由于施工场地空间有限且要兼顾文物建筑保护，通过 BIM 技术，我们可以清晰地了解每一根水管的位置、材质和使用年限等信息，再利用 BIM 技术对施工过程进行模拟和优化，确保工程的顺利进行和质量的可控。比如某根水管直径 60 厘米，那么我们能开 60 厘米口子，就绝不开 70 厘米，因为开得越大就越可能对周围文物建筑造成影响。BIM 技术也为后续的维护和管理提供了极大的便利。这项工程还获得了上海市第六届 BIM 技术应用创新大赛项目案例奖市政类一等奖。

再讲讲 7# 沉淀池和丙组滤池的改造，这两个池子分别建于 1932 年和 1934 年，均为文物保护本体。由于可用空间极为有限，我记得是边改造边修缮的，先对厂房进行详细的测量和评估，再深入现场反复研究，最终量身定制了一套施工方案。将原先的滤池池体和叠于下部的清水池功能替换为炭滤池池体，同时将敞开式池体改为封闭式。改造过程中，我们保留了原管廊的部分功能，建筑内部柱子、地砖等都保持了原状，里面的灯具也是按照文物专家要求选择的。之后的内部新设备安装仍是

自主研发交互式系统展示

一大挑战。为此，我们采用三维建模技术，模拟设备安装后的实际效果，确保每一台新设备都能在有限的空间内实现合理布局。

改造完成后的水厂拥有 120 万立方米／日的深度处理生产线，并全部配套排泥水处理工艺。通过这次升级改造，我们不仅提升了水厂的生产能力和水质标准，更重要的是我们保护了这座珍贵的工业遗产，让它得以在历史的长河中继续闪耀光芒。

数字赋能，寻求新质生产力任重道远

作为曾经的"远东第一大水厂"，杨树浦水厂在 1990 年的供水量就占据了全市供水总量的三分之一，为这座城市的发展贡献了巨大的力量。时至今日，杨树浦水厂始终坚守在原地，以其独特的方式见证着时代的变迁。它从未"停流"，深度处理、升级提升，永不止步既是它的本能，也是它肩负的使命。

在 2024 年举办的"政府开放月"活动中，我们水厂迎来了一批热心市民。活动中，我们特别设置了盲喝环节，让市民们亲身体验我们深度处理后的饮用水。结果令人振奋，我牢牢记得我们水厂的出厂水与知名品牌的矿泉水在口感和品质上仅差了三票，这无疑是对我们深度处理改造工作的巨大肯定，也让我更加坚定了作为制水人的自豪感和使命感。

面对数字时代的浪潮，杨树浦水厂也在积极拥抱变革，学习数智思维，运用数字技术加速转型。我们正在努力构建即时感知、科学决策、主动服务、智能监管的新型水务生态，以实现水务管理的智能化和精细化。数字孪生水厂的基座正逐步成型，通过数字化手段，我们可以实时监测水厂的运行状态，及时发现并解决问题，提高管理效率。同时，可阅读浏览的文保建筑也在稳步建模中，我们将通过数字化手段，让更多人了解和认识杨树浦水厂的历史和文化。此外，智慧水务的应用场景正在加速推进，我们利用大数据、云计算等先进技术，对水质、水量、水压等关键指标进行实时监测和分析，为决策提供科学依据。

我为自己能参与建成"节水优先、安全优质、智慧低碳、服务高效"的城市供水体系而感到无比自豪。这辈子，我就想干成一件事，那就是用心制好每一滴水，让市民们打开水龙头就能直接饮用到安全、健康、优质的饮用水，为这座城市的发展贡献自己的一份力量。

百年建筑重焕新生
浦江之畔潮声再起
——市东中学老教学楼修缮工程（吕型伟书院更新工程）

李 群

1971 年 2 月出生。1993 年进入上海市市东中学工作，现为校工会主席、总务主任。全程参与了市东中学老教学楼修缮工程（吕型伟书院更新工程）。

口述：李　群

采访：徐波清

整理：徐波清

时间：2024 年 8 月 7 日

现今位于荆州路 42 号的上海市市东中学吕型伟书院，始建于 1915 年，距今已有百余年历史，其前身为缉椝中学教学楼。该校为 20 世纪初近代民族企业家聂云台因深感杨树浦"苦无良好学校，儿童失学者多"，于是向公共租界工部局提议，出资捐地筹建。学校原名"聂中丞华童公学"，1941 年改名"上海市立缉椝中学校"，1951 年定名"上海市市东中学"。上海解放后，时任上海市市长陈毅任命吕型伟先生担任校长。吕型伟先生在任期间为学校乃至新中国基础教育的奠基和发展都作出了重要贡献，形成了独树一帜的教育思想和理论特色，被誉为我国基础教育的"活化石"。

教学楼由工部局建筑处工程师特纳（R. C. Turner）设计，建筑面积约 3149 平方米，有着鲜明的新古典主义建筑风格。百余年来，这栋建筑见证了杨浦教育的变迁发展，也镌刻下了吕型伟先生在市东中学担任校长期间的深刻印记。2015 年，该建筑被上海市人民政府公布为上海市第五批优秀历史建筑，沉寂多年后这栋建筑再次回归大众视线。2020 年，为适应学校新发展，更好地活化利用历史建筑，在区政府的大力支持下，我们学校秉持着"保护第一、加强管理、挖掘价值、有效利用、让文物

修缮前的市东中学老教学楼南立面

修缮后的市东中学老教学楼南立面

活起来"的理念，对这栋有着悠久历史的百年建筑进行风貌恢复。

区教育局专门成立了修缮工作领导小组和工作小组，由我担任修缮工作中校方代表，做好代建方、总包、设计、监理、审计、基建站、资产管理中心等单位在施工中与校方的沟通协调工作。

匠心雕琢　重焕新辉

　　我在市东中学度过了 6 年的学习生活，大学毕业后又回母校工作了 30 多年，对学校有很深厚的感情，又因为一直做中层干部，深知如何更好地为学生为教职工服务，被师生们戏称为学校的"大管家"。可"管家"并不好当，尤其是此次修缮的老教学楼既是不可移动文物，又是上海市优秀历史建筑，我愈发觉得肩上的担子很重。幸好这次项目的设计、施工、监理等单位都富有经验，我们整个修缮团队是相当给力！

　　由于历史久远，老教学楼的原貌特征和设计布局都不同程度发生了变化，尤其在最近一次 2004 年的修缮中，我印象里部分建筑风貌就已发生了改动，因此如何在修缮的同时重塑其往日风采，是摆在修缮团队面前的重要课题。

　　为一窥历史原貌，我们的修缮团队以翔实的历史调研和细致的现场查勘为依据，以老教学楼 1915 年建成之初的历史原状作为修缮的主要参照，采集发掘当初设计施工的原始图纸、室内外现场的历史照片，对照原始设计材料和施工工艺，严格按原式样、原材质、原工艺进行修缮，尽最大努力恢复建筑立面原有的材质肌理及细部装饰，还原室内平面格局和重要空间部位的历史风貌，做到格局保留、特征还原、场景再现。

　　为此，修缮团队对总体修缮工作制定了保护性原则、必要性原则、可逆性原则、缜密性原则、可识别性原则五大施工原则。整个修缮工程自 2021 年 7 月开工，分为屋面修缮、外立面修缮、室内修缮三个部分实施，到 2022 年 10 月正式完工。同年，这项工程荣获上海市建设工程白玉兰奖。

　　现在回想起来，施工期间经历的点点滴滴仿佛就在昨日。我印象比较深的一个是屋面修缮，当时我看着工人们小心翼翼地依序拆下年代久远、老化严重的屋面瓦，运至地面统一堆放，然后挑选出保存完好、可以再次利用的旧瓦片逐片进行表面清洗，去除瓦片表面的灰尘、苔藓等污渍，再挂铜丝重铺。对不能再利用的屋面瓦，修缮团队按原材质、原规格定制加工，予以替换。

另一个是重现水磨石校徽。老教学楼修缮前一层为地砖地面，我们修缮团队拆除原地砖后，经过弹线、镶分格条、涂水泥浆结合层、铺水磨石拌合料、滚压抹平、粗磨、精磨、草酸清洗、打蜡上光的一整套工序，重现了颇具当代特色的水磨石地面。更是在主楼两侧入口处完美地弯出了带有聂缉椝英文名首字缩写的"N.C.K."校徽。

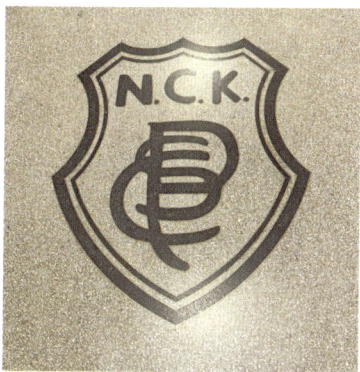

重现水磨石校徽

还有就是最引人瞩目的礼堂的场景复原。两层通高的礼堂作为老教学楼的标志，也是此次修缮工程的核心部位。

修缮前的礼堂

修缮后的礼堂

修缮团队根据历史照片及历史图纸，真实完整地恢复礼堂原有的尺度格局、细部装饰和建筑材质，恢复了木墙裙、天花线脚、铁艺栏杆、水磨石地坪、拱券窗套和门洞等各部位部件，让建筑最重要的历史记忆得以延续。

最令我和全校师生惊喜的是发现了传说中的"廊腰缦回"。老教学楼的二层走廊是我们市东中学最具特色的室内空间，它以蜿蜒曲折的形式呈现，单元重复的设计营造出了建筑空间的韵律感与形式美，在历史校刊上曾被称为"廊腰缦回"。但在修缮前，室内天花、挂镜线、木门窗等均非历史原状，历史照片中墙面连续的凹凸变化也已无迹可寻。正所谓"众里寻他千百度，蓦然回首，那人却在灯火阑珊处"，未曾想设计师在施工勘察时却发现传说中的"廊腰缦回"被完整地隐藏在封堵墙背后，

修缮后的走廊重现"廊腰缦回"的连续凹凸变化

修缮前的走廊

不曾离开这里半步。面对这一意外之喜，设计师们迅速调整修缮方案，决定以这一场景为参照恢复走廊风貌。修缮团队依照历史照片，重现墙面连续的延绵起伏，重现百年前光影曼妙、韵律交错的艺术效果。当我把这一发现告诉学校的退休老教师、老校友后，大家都非常高兴，直说勾起了青春记忆，嚷嚷着要回来看看。

拓展功能　拥抱未来

修缮前的老教学楼主要用于教学办公、校史展览等功能，修缮后则打造成具有综合功能的吕型伟书院，通过整合多种教育资源和功能空间，融合阅读、活动、培训、学习、展示等多种功能于一体，为学生们提供更加多元化、个性化的学习体验和发展机会。在恢复历史风貌、留存历史记忆的同时，赋予了这栋历史建筑新的生命和活力。

此次修缮对于老教学楼的功能布局有了更加系统的规划与设计。一层为吕老讲堂，兼具会客厅，为学校师生家长提供交流沟通场所。二层为个性化学习空间，集活动、培训、学习、展示为一体，使师生徜徉在"无围墙的知识殿堂"。三层作为吕型伟教育思想研究中心，收集了吕型伟先生生平的藏书、语录等珍贵历史藏品，并通过多媒体技术生动梳理展现了其一生不同阶段所贡献的教育实践与改革成果。同时植入阅览室、多功能厅、会议室等功能，在传播学习吕型伟教育思想的同时，融入现代科技元素，延续校园创新文脉。走廊、楼梯等公共空间充分融入展现市东中学百年历史的文化元素，供在校师生读书、研究之余怡目养情。书院还分设学习中心、体验实践中心和文化培育中心等。学习中心旨在为学生们提供良好的学习环境。体验实践中心定位为增强学生的实践能力，让学生们能够在实践中学习和成长。文化培育中心则承担着传承和弘扬市东文化特色的重任，用于举办各种文化活动和教育展览。

基于以上功能布局，修缮后的书院在教育思想传承和促进教育创新方面被赋予了更深的内涵，完整传承吕型伟先生的教育思想和理念。在我的印象里吕型伟书院举办过不少重要的教育活动，譬如 2023 年 12 月 26 日，在学校礼堂举办了纪念吕型伟诞辰 105 周年暨《吕型伟与市东中学》新书首发活动，活动中还举行了"吕型伟书院"揭牌仪式。又比如今年初举办的"百年正青春，奋进正当时"纪念杨浦（沪东）地方团组织成立 100 周年主题活动等。

此外，我还从退休教师、青年教师、学生那里听到了他们在吕型伟书院学习活动后的感受。比如退休教师郑卫星在参加退休教工"回娘家"迎新活动后感言："已经几年没来学校了，样貌变化相当大，老教学楼内部经过修葺，更利于学生开展各类社群学科活动，走进我原先的办公室，已然布置为学科教学活动教室。"青年教师施泓超在《吕型伟与市东中学》读书交流展示活动上说："吕型伟书院改造后给教师的教研活动提供了更多元和宽广的空间，各个学科还拥有了专家引领的工作室，为我们的专业能力提升提供了助力。"高二（6）班的叶子同学说："我最喜欢的是书院里的礼堂，它的设计充满了艺术感，每次我们在这里举行活动，都能感受到一种庄重而温馨的氛围。改造后的小教室桌椅舒适、光线充足，且每个教室都有自己的特色，更加符合我们的学习需求。"

十年树木，百年树人，我们学校百年老教学楼承载的不仅是教育救国、科教兴国的光辉历史，还有根植于心、一脉相承的爱国基因。百余年前，我们学校就为沪东地区工人子女提供劳动技术、谋生技能学习。

新中国成立后，吕型伟先生明确办学宗旨"把劳动人民子女培育成国家栋梁"。此后，我们学校延续并丰富了"市政教育"的办学特色，培养城市建设所需的各方面人才。

昔日的老教学楼焕新为吕型伟书院，这不仅是历史建筑的复兴，更是对吕型伟先生教育思想的传承，既展现了市东独特的历史文化底蕴和特色，也为学校增添了对外文化交流和展示的窗口。我记得学校对这次修缮工程总结为"两个方面"，一方面重现了老教学楼百年前的历史原貌，恢复了建筑细节和历史场景，有助于后人了解和感受当时的历史背景，传承我们市东中学的文化基因和历史根脉，同时也提升了我们学校的文化魅力；另一方面，通过修缮，老教学楼的安全性、舒适性和使用品质都得到大幅提升，保护与利用的有机结合使历史建筑焕发出新的活力，拥有承载更多文化交流、学术研究、展览展示等各种活动的可能性。

每当我漫步校园，看见书院外墙上吕型伟先生亲笔题写的"教育缔造和谐"几个雄浑大字，总觉得格外耀眼。我相信随着社会的不断发展和教育改革的不断深入，基于百年历史建筑修缮而成的吕型伟书院将继续发挥其独特的作用和价值，在为学校特色建设和发展提供空间保障的同时，进一步传承吕型伟教育教学思想，弘扬百年市政文化，充分发挥文化育人功能，更好服务于教书育人伟业。

商业商务
活力再造

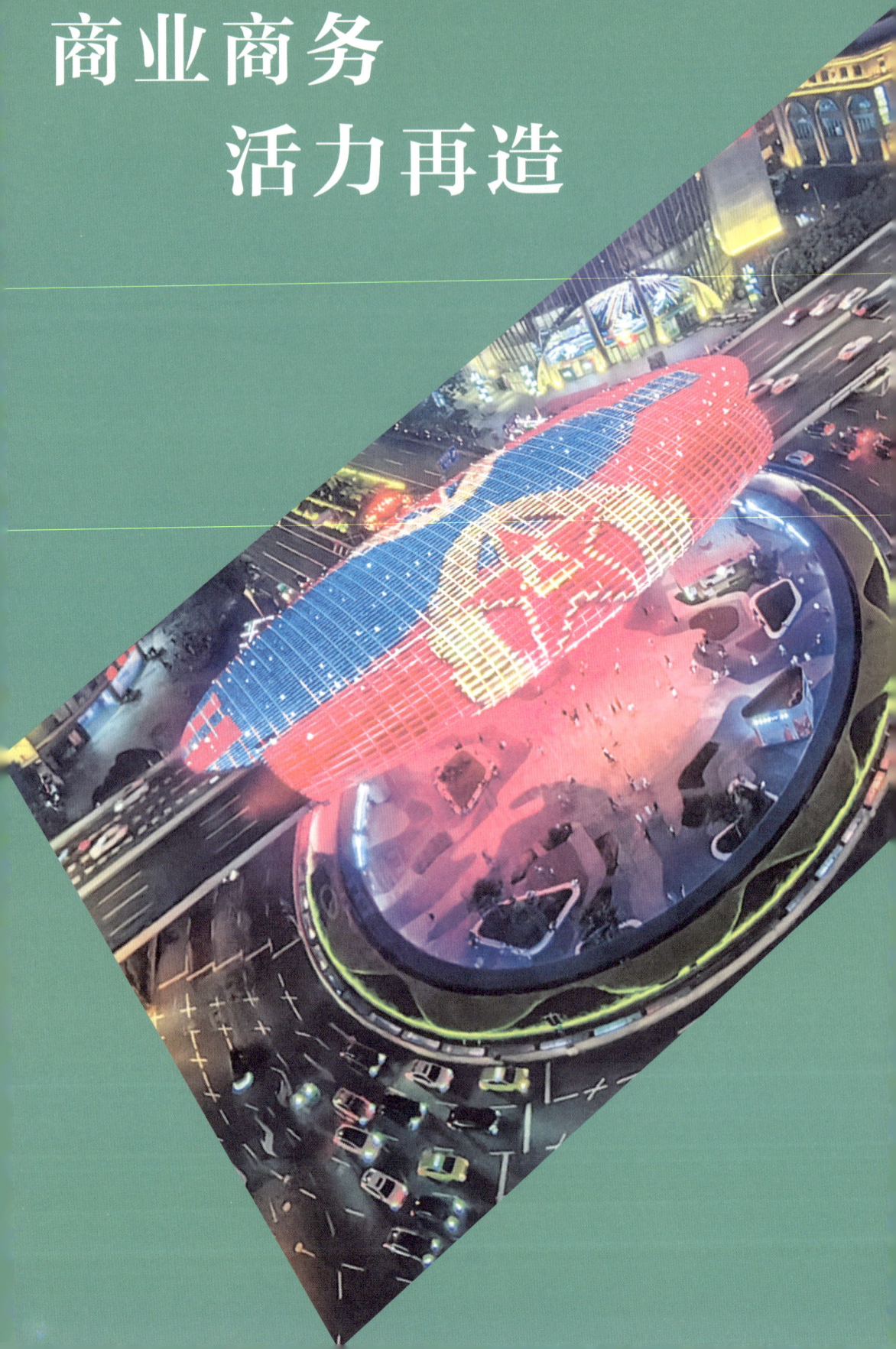

五角场城市副中心：
蝶变与新生

牟 娟

1969 年 12 月出生。现任杨浦区规划和自然资源局党组书记、局长。1995 年进入区规划土地管理局工作，历任区城市规划局总师室主任、区五角场开发办副主任、五建管委办副主任、区建交党工委书记、建管委主任、区重大办主任。曾获"上海市三八红旗手""上海市五一劳动奖章""人民满意的公务员"等称号。一直以来从事全区城市规划管理与建设工作，一线参与五角场副中心的开发建设工作。

口述：牟　娟

采访：成元一　邹晔晔

整理：邹晔晔

时间：2024 年 11 月 18 日

为大家所熟悉的五角场，其基本格局诞生于《大上海计划》，这是近代上海第一个大型的、系统的、具有开创性的城市规划。20 世纪 90 年代前，这里主要以江湾机场、工业仓储和高校用地为主，区域商业中心也初现雏形。1995 年，全国科技大会召开，国家科委、市科委和复旦大学领导提出建立五角场高新技术产业园区，区委、区政府决定实施"聚焦五角场"战略。1999 年，《上海市总体规划（1999—2020）》把江湾—五角场列入全市 4 个城市副中心之一，成为全市城市功能格局的重要支撑点之一，片区能级得到显著提升。到了 2003 年，市委、市政府做出了建设杨浦"知识创新区"的战略决策，五角场地区高校集中，智力资源丰富，成为杨浦"知识创新区"建设重中之重的地标性区域。自此五角场片区迎来 20 年更新蝶变，作为全区转型的窗口和缩影，生动地诠释了杨浦从"工业杨浦"到"知识杨浦"再到"创新杨浦"的转型之路。

在城市副中心定位和"知识创新区"建设的双重加持下，江湾—五角场片区迎来了大规划、大建设时代。2002 年 12 月底，组织安排我到五角场市级副中心开发建设办公室（简称五开办）工作，协调副中心的

五角场全景俯瞰

开发建设。就这样，我从五开办到五建管委办再到区建设管理委、区重大办，从"彩蛋"到"两站一区间"的地下空间再到三门路下立交、钻石连廊，和五角场片区的开发建设一路结下不解之缘，那些曾挥洒过青春与汗水的重点项目至今历历在目。

立体交通系统破解难题

江湾—五角场片区自南向北划分为环岛商业商务区、创智天地片区以及北部商务区。2003年4月，五角场环岛立交工程开工，为迎接上海世博会，轨交 10 号线（M1 线）也被纳入全市轨道交通网络。交通基础设施的规划建设虽能为地区飞速发展打下良好的基础，但另一方面困扰片区已久的商业集聚与交通割裂的矛盾同时也更加突出。那时候，伴随着城市副中心建设，当时竣工在即的商办楼建筑面积达 50 万平方米，规划即将投入建设的商业商务建筑面积逾 60 万平方米，可以预见这里将成为大量的人流和车流的汇聚地。而中环线跨线桥从邯郸路、翔殷路凌空越过，在改善过境交通的同时，对五角场环岛的城市空间又不可避免地造成割裂，加上淞沪路、四平路、黄兴路 3 条城市主干道难以适应频繁的商业人群过街需求，5 条主干道切割空间，商业核心难以成型，缺乏集聚人气的商业氛围。

妥善处理好交通与商业的关系，就是摆在我面前第一大难题，处置不当整个开发建设都会受到影响。我和团队为此没少跑现场，反复勘验、反复论证，有时一天就要跑几次。功夫不负有心人，我们终于想到了采取人车立体分流、构建地下步行系统的策略。具体做法就是：依托环岛南北两侧轨交 10 号线（M1 线）的五角场站、江湾体育场站及其区间，规划建立地下步行网络，将环岛附近商业商务区的地下公共活动空间与地铁站连通，使过境交通、到发交通和步行系统各行其道，有机衔接。这样通过地上地下空间的一体化综合开发，既能保证交通的高效人性，又能促进副中心商业商务区的繁荣繁华。

有了合理、对症的解决办法，地下步行系统结合市级重点工程——中环路和轨道交通 10 号线的建设顺利完成，五角场片区"上天入地"的五层立体交通系统构建形成，也就是大家今天所见的：邯郸路—翔殷路跨线桥、地面环岛、下沉式步行广场、黄兴路—三门路下立交及轨道交通 10 号线。

地上地下一体化综合开发

有了以立体交通破解难题的成功经验后，我对带领团队展开全面建设更有信心了，对于更好地整体落地也更游刃有余。我们把目光聚焦到地下空间，设想通过地下空间建设，将其改善交通的核心职能与副中心商业开发及地区有机更新紧密衔接，为此特意着手编制了《五角场城市副中心地下空间实施性规划设计》，这也是当时上海第一份区域性地下空间规划。

在地上地下一体化综合开发的过程中，我觉得主要是做好了三方面工作。首先，点线结合，打造地下空间综合体。比如：结合轨道交通 10 号线建设，围绕五角场、江湾体育场两大站点，整合周边地块、街道、商

江湾—五角场片区"两站一区间"示意图（引自网络）

业开发，形成地下空间中心点。以线路为轴线，连通两站点区间的地下空间并与周边建设和经营项目的地下部分相连通，形成地下空间系统的主干结构。再以此向外延伸，构建一个40万平方米区域性的地下空间综合体，五角场至江湾体育场"人车分离""雨天不撑伞"的规划愿景得以达成。

其次，多方协调，共建共营推动有机更新。五角场地下空间开发涉及周边众多商业体、写字楼以及部队地块等不同利益相关方，需要协调各方打通部分商业体之间的地下通道，以实现更便捷的人流疏导和商业联动。我多次牵头和悠迈生活广场（原东方商厦）、蓝天大厦等全体小业主征询意见、倾听诉求，与市场主体充分深入沟通，和他们共同探索地下停车的腾挪共享方案，并借地下空间和通道建设的契机，推进旧建筑外立面有机更新，优化五角场环岛城市风貌。通过坚持不懈地努力，最终实现了企业主体和大市政建设的共建共营。

第三，自然衔接，倡导高品质空间建设。考虑到五角场地下一层公共活动空间有20万平方米，这里是围绕五角场环岛核心、创智天地中央社区核心等区域的主要节点，所以充分考虑空间过渡的自然性和流动性，大家今天所见的环岛下沉广场、江湾体育场前广场等特色亮点空间都是依托这样的理念，现在这些广场为地铁乘客、商圈顾客、就业人员提供了舒适的休闲、通行、交流空间，也成为杨浦五角场地下空间的闪亮点和公共活动的舞台。

如今的江湾—五角场片区实现了当时"两站一区间"的规划设想，形成联通1座地下商业街、2个地铁站、环岛五大商场加创智天地片区、覆盖近20个出入口的超级"地下城"。现在回看这些规划建设和更新提升，我觉得能够在其中亲历建设，真是非常骄傲。

"彩蛋"打造片区门户新地标

除了地下空间成功打造，"彩蛋"也是五角场片区的重要地标。最初打造"彩蛋"是希望通过工程措施弥合中环线所带来的空间割裂感，聚合活力场域。而建设过程中，这颗"彩蛋"的落地又带来了巨大的挑战。

刚刚也提到了建设"彩蛋"的初衷，其实落地过程中我所考虑的当然远不止这一点，作为上海第一个融合视觉艺术与市政工程的新生事物，"彩蛋"要在兼具城市雕塑美感的同时，能够满足车行和人行多重需求；充分考虑到中环路面车行震动对其稳定性与安全性影响、灯光艺术对行车安全的影响，还要避免"彩蛋"的整体造型对下沉广场步行感受造成压抑等。由于和中环路施工同时进行，建设工期紧、任务重，施工条件差，为此我是一刻也不敢松懈，每天都要进行大量的协调和调度工作。

五角场"彩蛋"俯瞰

给大家说几组数字吧，现在呈现的这颗"彩蛋"由620吨钢结构、15000余米长龙骨构成，"彩蛋"表面由2440块形状不一的穿孔铝板组成，为确保组装准确，每一块铝板都要做细致的编号，包括摆放位置、安装要求、色彩涂装等。现在可能有了智能化，会大大减轻工作量。可在那个还没有完全智能化管理的时期，这些繁琐和细致的工作都凝聚着我们管理人员巨大的心力。另外，还要考虑极端天气下风荷载等安全问题。在此过程中多次召集国内外专家，就尺度和设计进行多轮科学演示及咨询论证。直到2006年5月，伴随着中环线五角场立交主体结构贯通，"彩蛋"顺利完工，我悬着的心才放到肚子里。

"彩蛋"的诞生和建成在当时属于超前的技术尝试和探索，先后斩获2005年度上海钢结构最高荣誉——金钢奖（特等奖）、2006年度上海市市政工程金奖及全国建筑工程装饰奖、2007年中国市政工程协会市政金杯示范工程等重大奖项。2009年，在上海世博会前夕，"彩蛋"作为杨浦区域和建筑的景观灯光建设以及灯光改造工程的重点项目之一，重新变身，超前使用全彩LED等高科技含量先进技术，呈现出了绚丽多彩、变化万千的动态视觉。实现了艺术创新与理性技术的平衡、视觉艺术与市政工程的融合，充分展现了杨浦知识创新区"孵化、孕育、诞生"的内涵。

五角场地区开发建设的感悟

城区更新改造从来不是一蹴而就，而是一轮轮的赓续努力、一次次的创新探索、一代代的辛勤汗水。每个亲历者都有自己的感受、感悟，

三门路钻石连廊和下立交

也都会收获属于自己的经验和成长。我作为一线建设设计的负责人、项目工作落地的实施者，感到这段经历在后续的工作生活中弥足珍贵，也为克服各种更大的难题、解决各种更棘手的困境提供了宝贵的经验。首先，一张蓝图绘到底的决心是根本。江湾—五角场地区更新建设历经20年，在开发建设过程中，我心里始终秉持着"一张蓝图绘到底"、服务百姓、服务发展的初心。有了这样的根本出发点，"十年磨一剑"，以地下交通功能的开发为主，连通沿线众多的商业和停车设施，减少地面交通的压力；除交通职能外设置一定的商业功能，作为建筑下商业空间的衍生，才能最终实现地上地下一体化开发。其次，勇于担当的"四敢精神"是保障。从"两站一区间"到"彩蛋"再到三门路下立交，副中心的建设始终迎难而上，每当碰到特别难解的困局，我都会反复告诉自己：要

大创智创新发展示范区

坚持、不放弃。我们杨浦的干部就是有着这样一股精神。比如说：三门路下立交建设，周边城市功能集聚、人车流量繁忙，交通组织设计复杂多变，工程需同时下穿合流污水箱涵和侧穿运营中的轨交 10 号线，这样的建设难度、复杂程度及风险管控要求在国内同类型项目中都是罕见的。再加上轨交 10 号线运营线路与地道近 1.2 公里的并行距离、立交围护距 10 号线最近处距离仅为 1.4 米、下穿服役近 30 年之久的大断面合流污水箱涵等。但凡有一环稍有差池，就可能导致渗漏、破裂、错位，这些困难让我每天"如履薄冰"，但我们凭借着"想干事、能干事、干成事"的责任担当，咬牙坚持下来了，破解了许多难题，创下了很多极限纪录。第三，创新思维多元发力是路径。针对这块地区我们在商业形态、空间设计、功能融合与运营管理等多个方面都提出了创新举措。比如在运营管理上，我和团队试着创新思路，摒弃传统地下空间单一的交通功能，主动与申通集团探讨采用新的商业运营模式开发地铁沿线空间，打造了太平洋森活天地——这一条上海最大的地下商业街，构建了一条地上与地下的"黄金通道"。在项目推进过程中，我坚持市区一体、协同推进，统筹周边多个产权单位、不同管理部门凝聚合力，最终确保了规划设想付诸实施。

如今，五角场片区已纳入全市商务楼宇 10 个更新试点单元之一，作为五角场片区的建设者和亲历者，我对该片区的未来充满了期待与憧憬。每次路过这一片区，我内心感触都非常多。看着曾参与建设的中环线、"彩蛋"、三门路下立交、钻石连廊……回想起当年热火朝天的建设场景，看到现在这里聚集了铁狮门、哔哩哔哩、抖音、叠纸、Nike、AECOM 等国内外一线的头部企业和总部，作为杨浦建设者的我心里满是欣喜和自豪。

五角场历经 20 多年蓬勃发展，见证了城市变迁的历史，焕发出城市副中心的强大功能和辐射力。这里是"上海创新浓度、人才密度最高的区域之一"，集聚了数所一流高校和 18 万"永远年轻的大学生"。这是城市空间的拓展提升，也是杨浦产业迭代升级的华丽蝶变。我相信高校环绕的五角场将永远 YOUNG，永远激荡澎湃生机，充满激情和梦想！

从繁华蜕变到潮流新章

周　灵

1975 年 11 月出生。现任上海市杨浦区商务委员会党组书记、主任。2019 年 8 月至 2023 年 12 月，先后任上海市杨浦区五角场街道办事处主任、党工委书记。

口述：周　灵

采访：范君伟　吴辰临

整理：吴辰临

时间：2024 年 10 月 21 日

杨浦五角场万达广场，位于上海市杨浦区中心区域，自 2006 年 12 月开业以来，便成为上海重要的商业地标之一。该广场东临淞沪路，南靠邯郸路，北依政通路，西侧为国宾路，地处交通极为便利的立体交通网中心。作为五角场商圈的标志性购物中心，万达广场不仅承载着商业繁华，更见证了五角场地区的沧桑巨变。从最初开业至今，五角场万达广场经历了多次升级改造，不断适应市场变化和消费者需求。特别是近年来，面对新兴消费群体的崛起，万达广场进行了大刀阔斧的改造，引入更多年轻、时尚的元素，成功转型为"北上海潮玩新主场"。从单一购物功能拓展到集购物、娱乐、文化、餐饮于一体的多元化商业综合体，五角场万达广场不仅提升了自身的商业竞争力，更为周边居民和学生提供了更加丰富多样的消费体验。

启新程、书新篇

2019 年 8 月，我经组织安排赴任五角场街道担任办事处主任，启新程的我踌躇满志。这一年对于五角场万达广场而言同样意义非凡，恰逢商场二期扩建项目正式启动。项目规划总面积超过 20 万平方米，旨在打造一个集购物、娱乐、餐饮、办公、居住于一体的综合性商业体。

五角场作为上海四大城市副中心之一，是杨浦的重要商圈，更是五角场街道的重要共建单位、商业载体、品牌门面。可以说，一提到五角场，大家最直接能想到的恐怕就是五角场万达广场。我深知这一点，于是一到任属地就马不停蹄地部署启动重点商圈调研走访工作，五角场万达广场自然是第一站。这样的部署一方面是出于抓经济工作的需要，另一方面是源自万达广场之于街道、之于杨浦的重要意义。

原本我觉得像这样的"老资历"的商业品牌，运转多年，应该是相对难题不多，商业活动开展比较平稳的。调研后我才了解到当时五角场万达广场面临着诸多挑战，比如平衡新、老建筑的风格，优化交通流线，引入更多元化的业态等，而其商业版图正经历着前所未有的变革，作为核心商圈的商业潜力又亟待进一步挖掘。在这样一个承前启后、蓄势待发的时间节点，面临着上海城市发展的不断加速，商业企业的更新发展将何去何从？这些困惑、难题萦绕于心，让履新的我倍感压力。那段时间，我和企业负责人经常碰面、讨论研究，为了寻求解决之道反复商讨对策，一番努力下来大家都觉得唯有"变"，才能走出新生。

我们最终确定了以"绿色、智能、人文"为核心理念的扩建方案。具体来说就是：立足服务体验，从布局、硬件、功能全面入手，开启数字化、功能化商业模式。布局上，在市场调研的加持下积极应对年轻消费群体对时尚、潮流品牌的需求增长，确定在一楼增设多个国际一线品牌专柜，吸引年轻顾客群体。无独有偶，二楼至四楼也根据顾客需求进行相应调整，增加更多符合当下潮流的餐饮和零售品牌。硬件方面，用智能温控

焕新前的五角场万达广场

焕新后的五角场万达广场

系统替换老旧空调系统，使室内保持四季如春，以提升购物舒适度；照明系统全面升级 LED 节能灯具，环保又提升亮度、氛围。购物结算上初步引入自助结账机，智能停车系统的试运行也有效缓解了停车难的问题。智能化服务在地企的协同努力下，走出了新路径，发展了新篇章。

亦挑战、亦机遇

如果说商场二期的转型建设，是我任职属地抓经济工作遇到的第一次挑战，那么 2020 年的新冠疫情则可以说是风浪更甚、挑战更大。像五角场万达广场这样的传统商业领域，很多店铺在疫情的影响下几乎濒临倾覆。路虽艰，行则可达。不同于之前，此时我已与企业有了很深的默契和信任，我们选择共同面对，化挑战为机遇。

我曾经参与过上海市的援黔工作，在贵州的三年感受最深的就是"精准"二字，对于扶贫要精准施策，对于企业发展我想同样需要精准发力。此刻对于企业来说，最精准的应对之策就是顺应数字时代，调整经营策略，深入推动数字化转型，以达到线上线下的深度融合。于是我迅速行动起来，一方面向区委、区政府汇报情况，积极争取扶持政策，包括但不限于租金减免、金融贷款优惠、税收减免等，为商户减轻经营负担，提供资金保障；另一方面鼓励企业负责人推进大数据、云计算等先进技术的利用，打造全新购物场景——直播带货，大力推动线上商城购物模式。事实证明，这一举措不仅满足了疫情期间人们的消费需求，更为传统商业模式的转型升级提供宝贵经验。

进入 2021 年，我的工作岗位进行了调整，在街道承担一把手工作。而随着疫情逐步得到控制，五角场万达广场在地方政府的帮助下，通过企业奋斗逐渐走出"迷雾"、焕新升级。扩建项目如期完工并盛大开业，标志着商场的规模和业态实现质的飞跃。新扩建的区域吸引多家国际知名品牌首次进驻，高端奢侈品店以其奢华的装潢、精选的商品，满足消费者对品质生活的追求；特色主题餐厅则以其独特的装修风格、精致的菜品，为食客们带来味蕾与视觉的双重盛宴；而大型娱乐中心的加入，更是让这里成为家庭欢聚、朋友相约的绝佳去处。

2023 年，五角场万达广场再次迎来重装改造。改造工程主打"潮玩·再造"，不仅调整了 2 万平方米的商业面积，更在装潢风格、业态布局上进行全面升级。从外立面的玻璃幕墙到内部的连廊设计，从品牌升级换代到主题街区营造，每一个细节都透露出年轻化和时尚化的气息。改造后的万达广场，外观建有玻璃幕墙，晚间灯光秀格外亮眼；内部以运动街区为核心，全球知名运动品牌旗舰店汇聚；地下一层构建主题街区，复古的石库门老街与欧式街区交相辉映。

硬件改造告一段落后，内核升级、提升商圈吸引力，就得地方政府出手了。我与区文化旅游局沟通协商，将 2023 第九届上海街艺节杨浦演出专场活动设在五角场万达商圈，充分调动作为首批国家级夜间文化和旅游消费集聚区的功能作用和凝聚效应。这一届街艺节的主题是"精彩街艺愉悦百姓，美好音乐温暖城市"，这与吸引百姓"零距离"感受老商场的焕新归来完美契合，活动现场人气拉满、氛围高涨。

此外，我还积极向区人才工作领导小组办公室、区人力资源社会保障局申请，引入 2023 年杨浦区高校毕业生等青年就业服务八大攻坚行动系列招聘会落户五角场万达广场。包括达疆网络科技（上海）有限公司、上海五角场凯悦酒店在内的 60 余家企业现场设摊、开展服务。

受这一启发，商场深刻洞察市场趋势与消费者需求，在传统零售和餐饮业态外，大力引入文化、教育、体育等新型业态，形成集购物、休闲、娱乐、学习于一体的综合性商业生态圈。五角场万达广场成为了真正意义上的"一站式"消费目的地，也成为上海乃至全国知名的商业地标之一。

与同行、与共进

回想这几年的探索，对于企业而言可以说是波澜壮阔、充满艰辛，对于我而言却也深刻感受到了一种全新的共建和共赢。我曾说过：扶贫工作是一场硬仗，一刻也不能停顿、放松。如今面对商业领域的地企共育，我想依然是刻不容缓、争分夺秒。关键还是要做好三点，才能同行、共进：

一是上下联动。其实五角场万达广场的多次扩建、升级、更新，都并非孤军奋战，而是得到了我们杨浦区政府的大力支持与深度参与，不仅在政策上给予诸多优惠与便利，如加快审批流程、提供税收减免等，还积极协调各方资源，为商场的顺利扩建保驾护航。同时，我们还根据商场的发展规划和市场需求，提出许多建设性意见，帮助商场在业态布

五角场万达广场内街夜间特色活动不断

局、品牌引进等方面更加精准地定位，从而实现商业效益与社会效益的双赢。当然政府支持还不止于此，还通过举办各类商业活动、文化展览等方式，为商场营造浓厚的商业氛围与文化气息，并积极与商场合作，共同推动周边区域的综合开发与建设，努力实现区域经济的协同发展。这些举措不仅促进了商场的繁荣与兴旺，也带动整个杨浦区的经济发展与城市建设。同时，这种支撑由上而下如同一股暖流，温暖了每一位商户的心，也让他们感受到了政府与企业共克时艰的决心与担当。

二是企业信任。政府的支持与帮助让企业倍感心安，他们用"信任"二字予以回馈。比如说面对疫情的持续影响，五角场万达广场采纳我们提出的意见建议，通过求变在危机中寻找机遇，展现出了超乎寻常的适应能力与创新能力，这才有了后续一系列的更新改造。而政府的文化资源引入后，企业就感知到了路径的信号，在业态布局上大胆创新，辅以健康、教育、文化等新型业态，打造集购物、休闲、娱乐、学习于一体的综合性商业平台，满足消费者对于健康生活方式和精神文化追求的需求。另外，五角场万达广场还积极履行社会责任，组织公益活动、捐赠防疫物资，回馈社会，传递正能量。这些举动不仅彰显了企业的社会责任感，也进一步提升了商场的社会形象和品牌价值。尽管面临市场竞争的压力，但五角场万达广场始终与属地共同谋发展、想对策，其商业定位和发展的信心都来自对区域投资环境和服务的充分信任，当然良好的销售业绩和客流量也成了企业发展的最好明证。

三是创新思维。区域发展也好、企业发展也好，都离不开创新二字。我一直相信，只有不断创新才能保持竞争力。五角场万达广场在创新方面做得尤为突出。比如在智能化建设方面，他们引入智能导航、人脸识别支付等先进技术，智能导航系统通过精准的室内定位技术，帮助消费

五角场万达广场 C 栋 3D 裸眼大屏

者轻松找到心仪的店铺或商品；人脸识别支付则简化了支付流程，提高了支付效率，让消费变得更加轻松愉快，为消费者带来便捷与高效。这些智能化技术的应用，不仅提升了消费体验，也进一步增强了商场的竞争力与吸引力。再比如说 C 栋（原特力时尚屋）的全面焕新，通过空间焕新和品牌迭代，提供多维潮流、前沿生活体验。打造了杨浦区首块 3D 裸眼大屏，全新升级 6 层空中花园。业态方面，深化品牌调整，引入众多网红餐饮、时尚潮玩等年轻时尚品牌，如漫魂、X11 等，满足消费者对精致潮流复合商业的需求。更创新引进虚拟现实（VR）体验馆、智能健身房等，大胆尝试更加前沿、有趣的消费体验。如今商场还立足区位优势，锚定了校企合作的目标，相信通过不断加强与周边高校和科研机构的合作，推动科技创新和成果转化更是前景可期。

回顾过去五年来的发展历程，我作为亲历者、参与者，见证着五角场万达广场从一个普通的商业购物中心成长为上海乃至全国知名的商业地标。这背后离不开政府的全力支持、企业的着力打造、商户的努力经营和消费者的高度信任。展望未来，我对五角场万达广场的发展充满了信心。我相信，在政府和企业的共同努力下，五角场万达广场将持续快速发展，这里将不仅是商业的繁华高地，更是创新、文化与社区活力的交汇点，持续引领潮流趋势，为消费者编织更多元、更精彩的生活图景，在时代的浪潮中书写着属于自己的传奇，向着更加辉煌的未来稳健前行。

后　记

党的二十大报告、"十四五"规划和 2035 年远景目标均提出实施城市更新行动。这是推动城市发展的重要路径，也是践行人民城市理念的必然要求。杨浦的城市更新工作大致始于 1992 年 "365" 危棚简屋改造，经过 30 多年的接续奋斗，特别是党的十八大以来，取得了令人瞩目的成绩。

知所从来，方明所往。重视学习与总结历史，重视借鉴与运用历史经验，重视从历史中汲取智慧与力量，是我们党不断取得胜利的成功之道。回顾杨浦 30 多年城市更新发展历程，有爬坡过坎之难，更有为民解忧之举、开拓创新之智，通过编撰出版本书，进行全面系统总结，重点突出新时代以来杨浦城市更新工作的创新与实践，彰显了新时代杨浦人的历史自信和历史主动。

在本书编撰过程中，得到了市、区相关单位和访谈对象的大力支持与热情帮助，上海人民出版社的编辑为本书的出版付出了辛勤的劳动，在此表示衷心的感谢。此外，还要感谢中共上海市委党史研究室对我们的充分信任，以及对本书的悉心指导。我们将不辱使命，再接再厉，持续履行好存史、资政、育人的职责，弦歌不辍，薪火相传。

由于内容跨度较大，加之编者水平有限，本书难免有疏漏和不足之处，诚望读者批评指正。

编者

2025 年 7 月

图书在版编目(CIP)数据

口述杨浦城市更新 / 中共上海市杨浦区委党史研究
室,上海市杨浦区地方志办公室编. -- 上海 : 上海人民
出版社, 2025. -- ISBN 978-7-208-19532-5

Ⅰ. TU984.251.3

中国国家版本馆 CIP 数据核字第 2025UW6592 号

责任编辑　吕桂萍
封面设计　赵释然

口述杨浦城市更新

中共上海市杨浦区委党史研究室
上海市杨浦区地方志办公室　编

出　　版　上海人民出版社
　　　　　(201101　上海市闵行区号景路 159 弄 C 座)
发　　行　上海人民出版社发行中心
印　　刷　上海中华印刷有限公司
开　　本　720×1000　1/16
印　　张　21.25
字　　数　243,000
版　　次　2025 年 9 月第 1 版
印　　次　2025 年 9 月第 1 次印刷
ISBN 978 - 7 - 208 - 19532 - 5/D·4506
定　　价　149.00 元